The Blue Book on the Development of Raw
Material Industry in China (2016-2017)

2016-2017年
中国原材料工业发展
蓝皮书

中国电子信息产业发展研究院　编著

主　编／刘文强

副主编／肖劲松　王兴艳　李 丹

人民出版社

责任编辑：邵永忠　刘志江

封面设计：黄桂月

责任校对：吕　飞

图书在版编目（CIP）数据

2016－2017 年中国原材料工业发展蓝皮书／中国电子信息产业发展研究院 编著；刘文强 主编．—北京：人民出版社，2017.8

ISBN 978－7－01－018036－6

Ⅰ.①2… Ⅱ.①中… ②刘… Ⅲ.①原材料工业—工业发展—白皮书—中国—2016－2017　Ⅳ.①F426.1

中国版本图书馆 CIP 数据核字（2017）第 193973 号

2016－2017 年中国原材料工业发展蓝皮书

2016－2017 NIAN ZHONGGUO YUANCAILIAO GONGYE FAZHAN LANPISHU

中国电子信息产业发展研究院 编著

刘文强 主编

人 民 出 版 社 出版发行

（100706　北京市东城区隆福寺街 99 号）

三河市钰丰印装有限公司印刷　新华书店经销

2017 年 8 月第 1 版　2017 年 8 月北京第 1 次印刷

开本：710 毫米×1000 毫米 1/16　印张：16.5

字数：270 千字

ISBN 978－7－01－018036－6　定价：85.00 元

邮购地址　100706　北京市东城区隆福寺街 99 号

人民东方图书销售中心　电话（010）65250042　65289539

前　言

　　作为基础性先导产业，原材料工业是制造业的条件、支撑和保障，工业是国民经济的基础和支柱，具有产业规模大、关联度高、带动作用强、资源能源密集等特点。原材料工业的发展水平和质量，直接影响和决定着一个国家工业化与制造业的发展水平和质量。美国、日本、欧盟等发达国家和地区都高度重视原材料的战略保障与安全。

　　2016年，面对复杂多变的国际国内形势和经济下行压力增大的困难局面，我国原材料工业转型发展实现了"十三五"的良好开局，基本保障了国民经济发展和国防军工建设的需求，总体呈现稳中向好的趋势。过去一年里，复苏缓慢，发达经济体经济运行分化加剧，新兴经济体增长放缓，经济金融风险上升，大国博弈和地缘政治风险加剧，国际大宗商品价格持续走低；国内经济下行压力增大，产能过剩矛盾突出，工业生产价格和企业盈利水平持续下降，企业生产经营困难等问题比较严重。在这种严峻的形势下，原材料工业系统认真落实中央的决策部署，开拓创新，迎难而上，统筹推进稳增长调结构增效益，扎实有效地推进原材料工业的持续健康发展，转型升级迈出了坚实的步伐。一是加大化解产能过剩力度。坚持市场倒逼、企业主体、地方组织、中央支持，依法依规，研究政策措施，分解落实任务，建立工作协调机制，着力解决热点难点问题，扎实推进各项工作。全年钢铁行业化解过剩产能6500万吨，建材行业关停压减水泥熟料产能2.2亿吨、平板玻璃产能2500万重量箱，超额完成了年度目标任务，同时探索和总结了一些有效做法和经验。二是行业管理工作不断加强。编制发布了钢铁、有色金属、石化化工、建材和稀土等原材料工业"十三五"发展规划。改进行业规范和标准管理。强化行业管理标准；加大政策法规和行业监管工作力度。三是加快培育和发展新材料产业。国务院成立了国家新材料产业发展领导小组和国家新材料产业专家咨询委员会。经国务院同意，四部委联合印发了《加快新材料产

1

业创新发展的指导意见》，共同编制发布了《新材料产业发展指南》。加大了重点领域新材料工作力度。四是智能制造稳步推行。有的地方和行业协会按照《原材料工业两化深度融合推进计划（2015—2018年）》要求，积极推进智能制造工作，培育智能工厂、开展智慧化工园区试点、支持智能制造综合标准化试验验证和新模式应用、召开行业智能制造现场交流会。

展望2017年，原材料工业正处于发展阶段转变、新旧动能转换的关键时期，面临的国内国际形势依然严峻复杂。原材料工业总体上处于下行通道，增速稳中趋缓，仍然面临着产能过剩、市场需求不足、资源环境约束加大、技术创新水平不高等诸多突出问题，去产能、降成本、补短板、脱困增效、转型升级的任务仍然十分艰巨。我国将紧紧围绕中央"五位一体"总体布局和"四个全面"战略布局，以及"创新、协调、绿色、开放、共享"新发展理念，以经济发展进入新常态的重大判断引领未来发展新理念。继续深入推进供给侧结构性改革和"三去一降一补"，着力振兴实体经济。同时，2017年是全面实施"十三五"规划的重要一年，是深化供给侧结构性改革的关键一年。原材料工业要坚持稳中求进的工作总基调，以深化供给侧改革为主线，以提高质量和效益为中心，全面落实原材料工业"十三五"发展规划，着力化解过剩产能，加快发展新材料产业，大力改造提升传统产业，推动提质增效和转型升级，努力保持原材料工业平稳健康发展。

一是必须突出抓好稳增长，确保行业稳中求进。

稳增长是供给侧结构性改革的前提条件。原材料工业要进一步强化预研预判，在落实好现有政策措施的基础上，适时推动出台新的稳增长政策措施，确保原材料工业平稳运行，实现预期增长目标。因此，一方面要加强行业运行监测分析，做好研判和分析，及时发现苗头性、倾向性问题，研究提出政策措施建议；另一方面要认真贯彻落实国务院关于钢铁、建材、有色金属、化工行业实现脱困发展的要求，扎实推进工作，确保各项政策措施落到实处。此外，要通过产品升级换代，上下游衔接，以及国际产能合作，进一步拓展市场空间。

二是加大去产能力度，坚决完成既定目标。

去产能是推进供给侧结构性改革的首要任务。一方面要严禁新增产能。各地不得以任何名义、任何方式新增钢铁、水泥、平板玻璃、电解铝项目，对于确需新建的项目，必须落实好产能等量、减量置换，坚决杜绝"名减实增""批小建大"等现象，对于违规者，必须严肃处理和问责。另一方面，要把握好去产能的工作重点。钢铁行业要把打击"地条钢"、促进"僵尸企业"退出、加强不符合钢铁规范条件的企业审查作为重点；建材行业要推进水泥熟料错峰生产常态化；电解铝行业要以组织开展违规违法产能清理为重点。同时，还要加强督促检查和善后问题处理。做好去产能目标任务的分解落实，强化工作进度的监督检查。加强对去产能中的跨区域兼并重组、债务处置、人员安置和社会稳定等问题的研究和总结。

三是必须加快新材料产业发展，培育新动能。

培育发展新材料是提高原材料工业有效供给水平的必由之路，是落实创新驱动发展战略的具体举措。我国原材料工业"大而不强"，究其原因是因为技术含量低、产品附加值不高、资源能耗大、部分关键技术和设备对外依存度高，产业竞争力弱。要实现由"制造业大国"向"制造业强国"的转变，我国必须加速原材料工业的发展，提升材料对重大工程、国计民生和产业自主可控性的支撑保障能力，积极融入全球原材料供应链体系。

这就要求全面落实国家新材料领导小组确定的各项工作。组织编制新材料领导小组工作任务的"年度手册"，强化各部门规划、计划、项目和资金的统筹衔接。充分发挥国家新材料产业发展专家咨询委员会作用，编制新材料重点产品、重点企业及产业集聚区目录指南，为重大政策、重大工程、重大项目等提供咨询建议。展开新材料首批次应用保险补偿机制试点，解决我国新材料产业长期存在的"好材不敢用"问题。推动实施"重点新材料研发与应用"重大工程，集中突破一批战略关键材料。加大《中国制造2025》转型升级专项对新材料产业的支持力度，促进新材料产业化和推广应用。研究设立"中国制造2025"基金支持新材料等产业发展，充分调动地方和社会资本投资新材料产业的积极性。加强新材料技术成熟度评价体系、产业标准体系、应用示范平台、测试评价平台、参数库平台和资源共享平台及创新中心等支撑体系的建设。围绕战略需求和国防安全，聚焦新材料重点领域发展。

四是必须大力优化存量，推进传统产业的提质增效。

加快推进绿色化、智能化、服务化是原材料工业供给侧结构性改革的基本要求。要统筹各种资源手段，坚持用新技术改造提升传统产业，支持引导企业推进结构优化升级。这就要求，第一，要继续推进"两化"深度融合。分类推进石化、钢铁、有色、建材、稀土等行业的智能工厂、数字矿山建设；加强智慧化工园区试点的总结、推广；建立全国危化品监管信息共享平台。第二，要提升绿色安全制造水平。结合去产能和京津冀及周边地区"2+26"城市大气污染防治工作，推动相关部门强化执法检查，倒逼钢铁企业全面普及先进使用节能环保公益技术装备，加强原材料行业的资源综合利用和污染防治水平。加快城镇人口密集区危险化学品企业的搬迁工作，改造化工园区，提升安全和环保水平。组织好长江经济带化工企业的摸底排查工作，积极参加长江经济带化工污染整治专项行动。另外，加快发展服务型制造。服务型制造是制造业与服务业融合发展的新型产业形态，也是原材料企业转型升级的重要方向。要结合"互联网+"，延伸产业链，整合资源，由单纯的出售产品向出售"产品+服务"转变。

五是抓好"放管服"，营造良好的产业发展环境。

按照转变政府职能的要求，充分发挥市场配置资源的决定性作用和更好地发挥政府作用，进一步加大"放"的力度，强化"管"的能力，提升"服"的水平。一方面，要充分发挥规范管理作用。修订行业质量管理规程、公共管理暂行办法，发布行业规范条件等。加强监督检查。另一方面，要提高服务意识和水平。在简政放权的同时，提高服务意识，切实帮企业解决发展中遇到的困难和问题。善于把握大局方向和工作重点，熟悉掌握行业、企业情况，学习新技术、发现新问题，及时提出应对措施。

赛迪智库原材料工业研究所从综合、行业、区域、园区、企业、政策、热点、展望八个角度，密切跟踪了2016年我国原材料工业的重点、难点和热点，并对2017年发展趋势进行了预测分析；在此基础上组织编撰了《2016—2017年中国原材料工业发展蓝皮书》，全书遵循了赛迪智库原材料工业发展蓝皮书的一贯体例，共八篇二十九章。

综合篇。介绍2016年全球及中国原材料工业发展概况。

行业篇。在分别分析2016年石化、钢铁、有色、建材、稀土五大行业运行情况的基础上，结合国家战略和国内外宏观经济发展形势，对2016年各行业的走势进行了判断，并指出行业发展中需要关注的重点。

区域篇。着重介绍了2016年东、中、西部三大区域的原材料工业发展状况，指出三大区域原材料工业发展的差异、特点及存在的问题。

园区篇。归纳了石化、钢铁、有色、建材、稀土行业的重点园区发展情况，分析了园区的基础设施建设情况、产业布局、园区内重点企业发展现状，指出了园区发展存在的问题。

企业篇。从企业生产经营范围、企业规模、经济效益、创新能力四个方面对原材料行业代表性企业进行了分析。

政策篇。着重从宏观调控政策、需完善配套政策角度分析了原材料工业的政策环境，并对与原材料工业发展密切相关的重点综合性政策、行业政策进行了不同维度的解析。

热点篇。归纳整理了 2016 年原材料行业发生的重大事件，如石化行业启动碳排放基准值制定、宝武合并、广西有色破产、中建材和中材重组、稀土产品追溯体系建立等热点事件，分析其对原材料工业的影响。

展望篇。分析了 2016 年原材料工业的运行环境和 2016 年原材料工业的总体发展形势，并进一步对原材料工业的细分行业发展形势进行了展望。

原材料工业门类众多，问题复杂，加之时间有限，书中难免有不妥之处，敬请行业专家、主管部门及读者提出宝贵意见。

目　　录

区 域 篇

园 区 篇

企 业 篇

政 策 篇

热 点 篇

展望篇

综合篇

第一章 2016 年全球原材料工业发展状况

2016 年，全球原材料行业面临复杂的国际环境，全球经济复苏缓慢，发达经济体经济运行分化加剧，新兴经济体增长放缓，经济金融风险上升，大国博弈和地缘政治风险加剧，国际大宗商品价格持续走低。从具体行业来看，全球化学品产量增速放缓，主要化工产品价格震荡上行；钢铁产品产量略有下降，价格呈现"上行—回调盘整—再上行"的态势；全球铜供应过剩有所缓解，原铝供应少量短缺，铅、锌供应由过剩变为短缺，铜、铝、铅、锌等有色金属价格波动上升；建材行业市场仍然表现低迷，产品价格继续小幅弱势震荡上升；稀土资源开采项目逐步增加，全球供给稳定增长。

第一节 石化化工行业

一、市场供给

2016 年全球经济较 2015 年有所放缓，国际贸易持续低迷，主要经济体走势分化。一年来，全球化学品产量增速放缓，同比增长 2.2%，较 2015 增速下降 0.5 个百分点。全球炼油能力增长缓慢，乙烯新增产能大幅减少。

2016 年，美国化学工业产值增长 4.8%，欧洲增长 0.7%，巴西下降 4.4%，加拿大化工销售额下降 10.3%。①

二、价格行情

2016 年，国际油价触底反弹，大庆、布伦特、WTI 原油价格分别由年初

_____

① 数据来源：美国、欧洲、加拿大化工协会。

3

的 23.68 美元/桶、30.7 美元/桶和 31.51 美元/桶上涨到年底的 49.65 美元/桶、53.59 美元/桶和 52.17 美元/桶。受原油价格上涨因素影响，主要化工产品价格震荡上行。以苯乙烯为例，现货中间价由年初的约 900 美元/吨上涨到年底的接近 1200 美元/吨。

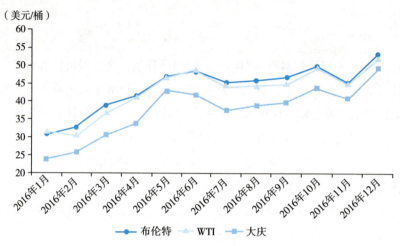

图 1-1　2016 年国际油价走势

资料来源：Wind 资讯，2017 年 2 月。

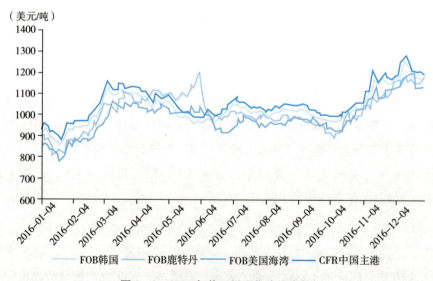

图 1-2　2016 年苯乙烯现货价格走势

资料来源：Wind 资讯，2017 年 2 月。

第二节 钢铁行业

一、市场供给

2016 年 1—11 月，全球粗钢产量略有下降，纳入统计的 66 个国家粗钢产量为 14.7 亿吨，同比增长 0.4%。除欧盟、美洲和非洲粗钢产量略有下降以外，其他地区粗钢产量均出现不同程度的增长，其中，中东粗钢产量增幅最大，同比增长 6.7%。

表 1－1　2016 年 1—11 月全球各地区粗钢产量

（单位：万吨，%）

地区	2016 年 1—11 月	2015 年 1—11 月	同比
欧盟	14914.2	15452.8	−3.5
其他欧洲国家	3283.6	3112.6	5.5
独联体	9344.4	9307.8	0.4
北美	10153.5	10238.5	−0.8
南美	3621.6	4062.8	−10.9
非洲	1113.4	1183.0	−5.9
中东	2658.0	2489.9	6.7
亚洲	101178.4	99787.0	1.4
大洋洲	532.4	528.9	0.7
全球（扣除中国大陆）	72905.7	73165.0	−0.4
全球	146799.7	146163.4	0.4

资料来源：世界钢铁协会，2017 年 1 月。

从全球各地区粗钢生产情况看，2016 年 1—11 月，全球粗钢产量 14.7 亿吨，其中，亚洲地区粗钢产量 10.1 亿吨，占全球粗钢产量的 68.9%；欧洲地区粗钢产量 1.8 亿吨，占全球粗钢产量的 12.4%；北美洲和独联体粗钢产量分别为 1.0 亿吨和 0.9 亿吨，分别占全球粗钢产量的 6.9% 和 6.4%；南美洲、中东、非洲和大洋洲的粗钢产量分别占全球粗钢产量的 2.5%、1.8%、0.8% 和 0.4%。

从粗钢主要生产国家来看，2016 年 1—11 月粗钢产量排在前 5 位的分别是中国、日本、印度、美国和俄罗斯，其中，中国粗钢产量占全球粗钢产量的 50.3%。

表 1 - 2   2016 年 1—11 月粗钢产量前 20 位国家和地区

（单位：万吨，%）

排名	国家或地区	产量	占全球粗钢产量的比重
1	中国	73894.0	50.3
2	日本	9605.9	6.5
3	印度	8753.1	6.0
4	美国	7204.1	4.9
5	俄罗斯	6462.3	4.4
6	韩国	6277.9	4.3
7	德国	3885.2	2.6
8	土耳其	3032.5	2.1
9	巴西	2806.4	1.9
10	乌克兰	2221.1	1.5
11	意大利	2154.6	1.5
12	中国台湾	1974.5	1.3
13	墨西哥	1728.1	1.2
14	伊朗	1643.5	1.1
15	法国	1326.8	0.9
16	西班牙	1275.0	0.9
17	加拿大	1157.6	0.8
18	波兰	812.4	0.6
19	英国	709.4	0.5
20	比利时	703.0	0.5

资料来源：世界钢铁协会，2017 年 1 月。

二、价格行情

从全球钢材价格总体情况来看，2016 年钢材价格呈现"上行—回调盘整—再上行"的态势。从国际钢铁价格指数（CRU）看，钢材综合指数由 1 月初的年内低点 117.7 点上涨至 5 月 6 日的 157.6 点，提高了 39.9 点，增幅高达 33.9%；随后价格开始出现小幅回调，6—10 月价格始终在 145—150 点震荡盘整，进入 11 月，价格再次出现上涨，并在 12 月达到年内高点 178.4 点，较年初增长 51.6%。同样，扁平材和板材也分别由年初低点震荡上行，至 5 月初出现阶段性高点，随后价格在小幅下降后进入 6—10 月的震荡盘整期，并在 11 月开始出现小幅上涨，至 12 月中旬均出现年内高点，分别为 171.4 点和 203.3 点，较年初分别增长 62.6% 和 38.4%。

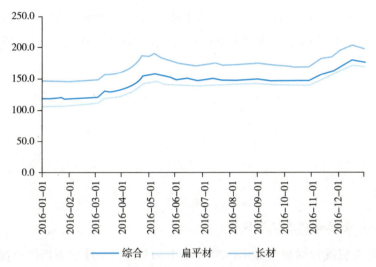

图 1 - 3　2016 年以来国际钢材价格指数（CRU）走势图

资料来源：Wind 资讯，2017 年 1 月。

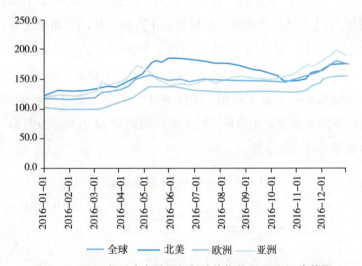

图 1 - 4　2016 年以来各地区钢材价格指数（CRU）走势图

资料来源：Wind 资讯，2017 年 1 月。

分区域来看，亚洲、欧洲和北美钢材市场价格走势总体均呈现"上行—回调盘整—再上行"的态势。2016 年初，亚洲、欧洲和北美市场钢材价格均呈现上涨态势，但是阶段性高点出现时间略有不同，北美洲在 6 月初达到阶段性高点 186.4 点，欧洲在 5 月底达到阶段性高点 138.7 点，亚洲在 4 月下旬达到阶段性高点 172.0 点。亚洲、欧洲和北美洲在达到阶段性高点之后，进入调整期，并在 11 月开始新一轮的价格上涨，到 12 月分别达到年内高点 197.4 点、154.9 点和 176.3 点，较年初低点分别增长 61.0%、51.3% 和 42.5%。

第三节　有色金属行业

一、市场供需

（一）全球铜供应过剩缓解

世界金属统计局数据显示，2016 年 1—11 月，全球铜市场供应过剩 1.7 万吨，较上年同期减少 0.78 万吨。从供给角度看，全球矿山铜产量 1878 万吨，同比增加 7.0%；精炼铜产量 2137 万吨，同比增加 2.7%，其中，中国产量大幅增加 42.2 万吨，西班牙产量增加 1.4 万吨；从消费角度来看，全球铜消费量为 2135 万吨，比上年增加 57 万吨。中国仍是最大的铜消费国，消费量为 1051.5 万吨，比上年增加 27.3 万吨，占全球消费总量的 49% 以上。

智利是全球第一大铜生产国，2016 年 1—11 月，累计生产铜 506 万吨，因矿石品位下滑和部分矿山检修，较上年同期减少 23 万吨。分月看，智利铜生产基本呈现波动变化态势。

表 1 - 3　2016 年 1—11 月智利铜产量

（单位：万吨）

时间	1 月	2 月	3 月	4 月	5 月	6 月	7 月	8 月	9 月	10 月	11 月
产量	45.4	45.0	48.9	43.2	47.4	47.4	44.8	45.5	46.1	44.5	48.0

资料来源：Wind 资讯，2017 年 1 月。

（二）全球原铝供应少量短缺

根据 IAI 的数据，2016 年 1—11 月，全球原铝产量为 5301.1 万吨，同比减少 0.2%。日均原铝产量在 15.8 万吨以上，略高于上年同期水平，基本呈现逐月增长态势,从1月的日均产量15.3万吨增长到11月的日均产量16.7万吨。中国是最大的原铝生产国,产量2875万吨,同比减少1.3%,产量约占全球总产量的54.2%;海湾地区是全球第二大铝生产地区,产量为474.5万吨,同比增长1.6%;北美洲是全球第三大原铝生产地区,产量为368.9万吨,同比减少10%。从消费角度来看,世界金属统计局数据显示,2016年1—11月,全球原铝需求量较上年同期增加6.8万吨,达到5358万吨;全球原铝市场供应短缺97万吨,2015年全年短缺为55.1万吨。

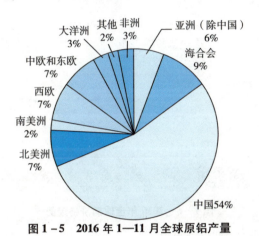

图1-5　2016年1—11月全球原铝产量

资料来源:Wind资讯,2017年1月。

(三)全球铅、锌供应由过剩变为短缺

铅:世界金属统计局数据显示,与2015年同期铅供应过剩8.8万吨不同,2016年1—11月,全球铅市场供应短缺6.6万吨。从供给角度看,全球精炼铅(原铅及再生铅)产量为988.6万吨,同比增长5.6%。从需求角度看,全球精炼铅需求量为961.8万吨,同比增长58万吨。其中中国铅消费量为394.0万吨,同比增长43.4万吨,占全球总消费量的41%。

锌:世界金属统计局数据显示,2016年1—11月,全球锌市场供应短缺19万吨,而上年同期为供应过剩8.7万吨。从供给角度看,全球精炼锌产量同比减少2.5%。从需求角度看,全球精炼锌消费量同比减少0.4万吨,其中,中国精炼锌消费量为613.7万吨,同比增长3.4%,占全球总消费量的48%以上;日本锌消费量为44.7万吨,同比增长2%。

二、价格行情

铜：2016年全球铜价格波动上升，1月LME铜现货结算价格为4542美元/吨，4月涨到5045美元/吨，之后波动下跌，8月跌到年内最低点4603美元/吨，随后大幅上涨至年内最高值5740美元/吨，12月略微下跌，价格回落到5501美元/吨。

图1-6　2016年全球铜价格走势

资料来源：Wind资讯，2017年1月。

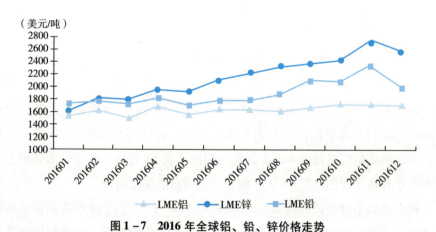

图1-7　2016年全球铝、铅、锌价格走势

资料来源：Wind资讯，2017年1月。

铝：2016年全球铝价总体波动上升，1月LME铝现货结算价格为1530美元/吨，2月铝价上涨到1622美元/吨，至9月间价格波动不断，10月上涨到年内最高点，达到 1723 美元/吨，12 月铝价格略有下跌，为 1714 美元/吨。

铅：2016 年全球铅价格总体呈上升态势，1 月 LME 铅现货结算价格为 1712 美元/吨，2—7 月价格围绕 1750 美元/吨波动，之后大幅上涨，11 月价格为年内最高水平，达到 2330 美元/吨，12 月起价格下跌，跌至 1985 美元/吨，但仍高于年初的水平。

锌：2015 年全球锌价格一路走高。1 月 LME 锌现货结算价格为 1610 美元/吨，2、3 月价格上涨到 1785 美元/吨，之后价格不断上涨，11 月达到年内最高水平 2709 美元/吨，12 月下跌至 2563 美元/吨，但仍大幅高于年初水平。

第四节　建材行业

一、市场供需

2016 年全球市场复苏缓慢，建材行业市场仍然表现低迷。从水泥行业来看，虽然世界经济缓慢复苏，油价走低、下游需求不振等因素导致部分国家水泥需求出现下滑，但中国依然名列第一，2016 年水泥总产量约为 23 亿吨。

从具体国家看，2016 年印度尼西亚又新增 6 家水泥厂运营，增加产量约为 1400 万吨，但是水泥需求量仅为 6500 万吨；西班牙水泥行业呈现衰退的发展态势，西班牙水泥行业协会公布的数据显示，2016 年 1—8 月，西班牙水泥消费量总计 742 万吨，较上年同期减少 22 万吨，同比下降 2.8%，2015 年，西班牙水泥消费量同比增加 5.3%；根据塔吉克斯坦工业部的统计数据，2016 年前三个季度，塔吉克斯坦水泥产品产量创历史新高，达 150.8 万吨，在全球水泥行业较为萎靡的情况下，实现同比增长 370%，出口总量为 16.2 万吨。

2016 年平板玻璃市场依然延续分化发展的态势，一方面，市场对传统建筑用平板玻璃产品需求减少，平板玻璃产能过剩；另一方面，汽车挡风玻璃、航空玻璃、光伏玻璃、基板玻璃等特种玻璃产品需求旺盛。其中，欧洲是最成熟的玻璃市场，其玻璃深加工的比例最高。

从具体国家看，美国康宁以溢流法生产 TFT – LCD 基板玻璃和触摸屏盖板玻璃居于全球领先地位。日本旭硝子、电气硝子、安翰视特、原日本板硝子和德国肖特公司以浮法生产特种玻璃，全球特种玻璃行业利润主要被这五家公司分食。目前国际上批量生产航空玻璃原片的供应商只有美国 PPG 和 Pilkington 两家公司，其中 PPG 占有航空玻璃市场70%左右的份额。PPG 已成为全球最大的商用飞机驾驶舱玻璃的供应商，是波音、麦道、空客飞机公司的最主要供应商。法国圣戈班公司也具备航空玻璃化学钢化、成品组合系列技术，其原片则来源于 Pilkington 公司。目前这三家公司都没有向中国输出这项技术的计划和许可，国内尚无一家能规模化批量生产大飞机挡风玻璃的厂家。2016 年，随着全球经济的缓慢复苏，玻璃的需求增幅也在不断提高，但受到全球生产力转移的影响，更多的平板玻璃业务转移到发展中地区，因此，中美洲、南美洲、非洲/中东等发展中地区的需求不断上涨，预计将超过北美和西欧。

二、价格行情

2016 年，全球建材行业化解过剩产能成效初显，产品价格继续小幅弱势震荡上升。以 5mm 厚度平板玻璃期货价格为例，2016 年初价格为 851 元/吨，随后全年实现小幅震荡上升，至 2016 年底价格已经上涨为 1287 元/吨。

图 1-8　2016 年 5mm 玻璃期货价格走势

资料来源：生意社，2017 年 1 月。

第五节　稀土行业

一、市场供需

全球供给稳定增长。据估计，2016 年，全球稀土总产量为 19.88 万吨，比 2015 年的 19.7 万吨略有提高。而 2016 年全球 REO 稀土消费量约为 14.77 万吨。全球稀土供给量呈平稳态势。

稀土资源开采项目逐步增加。自 2008 年国际金融危机以来，随着国际稀土价格持续走高，各国愈发重视稀土资源供给，稀土开采项目逐年增加。目前，美国、澳大利亚及欧盟等国都在欧洲、非洲、北美等地区积极探索稀土开采项目，其中包括格陵兰岛的 Kvanefjeld、瑞典的 Norra Karr、坦桑尼亚的 Ngualla、南非的 Steenkampskraal 和 Zandkopsdrift、美国的 Bear Lodge、加拿大的 Strange Lake、澳大利亚的 NolansBore 等。

图 1-9　世界主要稀土项目分布图

据预测，2020 年前，可能投产的新稀土项目包括：美国怀俄明州的 Bear Lodge 项目、加拿大的 Strange Lake 项目、澳大利亚的 Dubbo Zirconia 项目和 Nolans 项目、南非的 Zandkopsdrift 项目和坦桑尼亚的 Ngualla 项目等。这些新项目如能全部投产，产能将达 12 万—14 万吨 REO。据估计，到 2020 年，全球稀土需求总量为 20 万吨。我国保持 10.5 万吨 REO 的稀土产量，则国外稀土产量占比将达到一半以上。在满足全球稀土需求的基础上，形成了多元化的供给格局。

二、行业规模

根据大视野研究有限公司（Grand View Research）的研究预测，到 2020 年，全球永磁材料市场预计可达 311.8 亿美元。其中，稀土永磁材料在汽车领域的应用，包括变速箱、发电机和汽车发动机，将成为永磁材料市场快速增长的关键驱动力。此外，稀土永磁在新能源领域的应用，如风电和太阳能等，也将进一步推动市场的增长。

第二章　2016 年中国原材料产业发展状况

2016 年，在全球经济缓慢复苏和国内经济逐步企稳的背景下，我国原材料工业总体呈现稳中向好的趋势。具体表现在：主要产品生产规模小幅扩大、投资规模持续减少、进出口有增有减、产品价格波动上涨、行业经济效益有所改善。从行业管理来看，化解过剩产能目标完成、技术创新步伐加快、节能减排取得新成效、智能制造稳步推行。

第一节　基本情况

一、主要产品生产规模小幅扩大

2016 年 1—11 月，受我国实体经济总体稳中有进的形势刺激，我国原材料工业生产规模有所扩大，除个别产品外，大部分产品产量小幅增加，增速较上年同期有所加快。化工产品中，硫酸产量有所减少，烧碱产量由上年同期的减少 1% 转为增长 7.6%，乙烯产量增速高于上年同期 1.5 个百分点；生铁、粗钢、钢材产量全面增长，同比分别增长 0.4%、1.1% 和 2.4%，均高于上年同期水平；十种有色金属产量有所增加，但增速低于上年同期 6.2 个百分点；水泥、平板玻璃产量增长明显，扭转了上年同期负增长的局面。

表 2-1　2016 年 1—11 月我国主要原材料产品产量及增长率

主要产品	产量（万吨）	增长率（%）	2015 年同期增速（%）
硫酸	8091	-1.2	4.5
烧碱	2986	7.6	-1
乙烯	1629	3.5	2

主要产品	产量（万吨）	增长率（%）	2015 年同期增速（%）
生铁	64326	0.4	−3.1
粗钢	73894	1.1	−2.2
钢材	104344	2.4	1
十种有色金属	4780	1.3	7.5
水泥（亿吨）	22	2.7	−5.1
平板玻璃（亿重量箱）	7	4.9	−7.9

资料来源：国家统计局，2016 年 12 月。

二、投资规模持续减少

2016 年 1—11 月，除非金属矿采选业外，其他行业固定资产投资规模继续减少。化学原料和化学制品制造业投资规模同比下降 2.4%，而上年同期为增长 4.1%。钢铁、有色行业投资规模持续缩小，分别下降 8% 和 6.3%，其中钢铁行业投资降速比上年同期有所放缓。建材行业中，非金属矿采选业投资规模小幅增长 1.8%，略低于上年同期水平；非金属矿物制品业投资增速下降 0.4 个百分点。

表 2－2　2016 年 1—11 月我国原材料工业固定资产投资及增长率

行业	绝对量（亿元）	同比增长（%）	上年同期同比增长（%）
化学原料和化学制品制造业	13399.1	−2.4	4.1
黑色金属矿采选业	904.5	−29.1	−19.9
黑色金属冶炼和压延加工业	3829.3	−1.1	−12.5
有色金属矿采选业	1346	−9	−3.9
有色金属冶炼和压延加工业	4928.5	−5.6	−2.6
非金属矿采选业	1936.4	1.8	2.3
非金属矿物制品业	15290.5	−0.4	6.8

资料来源：国家统计局，2016 年 12 月。

三、进出口有增有减

2016 年 1—11 月，受国际市场需求不振影响，我国进口和出口均为负增长，主要原材料产品出口呈现下滑。钢材出口 10066 万吨，同比减少 1.1%，而上年同期为增长 21.7%；未锻造的铝及铝材出口 420 万吨，同比下降 3.1%，而上年同期为增长 14.3%；未锻造的铜及铜材出口 81.2 万吨，同比增长 30.8%，好于上年同期水平。受国内经济企稳回暖刺激，主要原材料进口有所增加，钢材进口 1202 万吨，同比增长 3.6%，而上年同期进口为负增长；未锻造的铜及铜材进口 446 万吨，同比增长 4.3%，扭转了上年同期负增长的局面；未锻造的铝及铝材进口 53.4 万吨，同比减少 16.8%，较上年同期 -19.6% 的降速有所放缓。

四、产品价格波动上涨

2016 年 1—12 月，主要原材料产品价格呈现波动上涨态势。12 月末，CSPI 钢材综合价格水平为 99.51，好于上年同期水平。有色金属产品价格持续上涨，铜价格波动上涨，从 1 月的 35283 元/吨涨到 12 月的 46079 元/吨，铝、铅、锌价格也总体保持上涨态势。化工产品价格有涨有跌，硫酸价格震荡下跌，从年初的 370 元/吨下降到 11 月末的 320 元/吨，而尿素、纯碱、天然橡胶价格总体上涨。

表 2 – 3　2016 年 1—12 月我国部分原材料产品价格变化

（单位：元/吨）

产品	钢铁协会 CSPI 钢材综合价格指数（1994 年 4 月 = 100）	尿素	硫酸	纯碱（重灰）	天然橡胶（标胶，SCRWF）	铜	铝
1 月	57.6	1390	370	1350	9550	35283	10798
2 月	60.04	1340	360	1350	10050	35403	10768
3 月	68.87	1370	353	1340	10720	37443	11329
4 月	84.66	1390	355	1360	12740	36957	12053
5 月	69.97	1320	362	1400	11360	35941	12383
6 月	67.83	1260	352	1460	10740	35801	12528

续表

产品	钢铁协会 CSPI 钢材综合价格指数（1994 年 4 月 =100）	尿素	硫酸	纯碱（重灰）	天然橡胶（标胶，SCRWF）	铜	铝
7 月	72.09	1250	340	1460	11340	37673	12774
8 月	77.54	1200	333	1490	10570	37270	12623
9 月	75.56	1220	342	1520	11160	37095	12811
10 月	80.35	1210	357	1510	12050	37660	13333
11 月	90.38	1400	320	1780	16030	43019	14723
12 月	99.51					46079	13302

资料来源：赛迪智库整理。

五、行业经济效益有所改善

2016 年 1—11 月，我国原材料工业经济效益逐步好转。除黑色金属矿采选业、非金属矿采选业利润有所减少外，其他行业利润均不同幅度增长。具体来看，化学原料和化学制品制造业利润增速高于上年同期 6.1 个百分点；钢铁行业经济效益有所改善，利润同比增长 108.4%，而上年同期为下降 70%，这主要是得益于冶炼和压延加工业利润的大幅增长；有色金属行业利润增长幅度也较大，同比增长 30.4%，而上年同期为负增长；非金属矿物制品业利润同比增长 11.3%，扭转了上年同期负增长的局面。

表 2 - 4　2016 年 1—11 月我国原材料行业利润及增长率

行业	绝对量（亿元）	同比增长（%）	上年同期增速（%）
化学原料和化学制品制造业	4473.2	14.4	8.3
黑色金属矿采选业	376.1	−10	−42.4
黑色金属冶炼和压延加工业	1402.5	274.7	−68
有色金属矿采选业	412.9	7.6	−19.8
有色金属冶炼和压延加工业	1626.6	37.4	−6.9
非金属矿采选业	342	−4.1	5.2
非金属矿物制品业	3536.8	11.3	−8.8

资料来源：国家统计局，2016 年 12 月。

第二节　工作进展

一、化解过剩产能目标完成

自 2016 年 2 月起，国务院陆续发布钢铁、有色、建材等行业化解过剩产能、脱困增效的指导意见，明确要严控这些行业的新增产能，加快退出落后的过剩产能，提高产能利用率，提高行业的整体盈利能力。以钢铁行业为例，《意见》要求钢铁行业从 2016 年开始利用 5 年时间再压减粗钢产能 1 亿—1.5 亿吨。11 月中旬发布的《钢铁工业调整升级规划（2016—2020 年）》也将"去产能"列为首要任务。在国家和地方的努力下，2016 年 1—11 月，我国粗钢累计产量 7.4 亿吨，同比增长 1.1%，总体来看，钢铁行业"去产能"取得了积极的成效。截至 10 月底，钢铁行业已经提前完成 2016 年全年 4500 万吨的"去产能"任务。

二、技术创新步伐加快

在创新发展理念的指引下，2016 年，原材料工业技术创新步伐加快，涌现了一批对行业发展有重大影响的科技成果。中国石化集团开展的"高效环保芳烃成套技术开发及应用"项目获得国家科技进步特等奖，使我国成为继美国、法国之后的第三个全面掌握此技术的国家；中钢洛耐院研发的冶金功能耐火材料关键服役性能协同提升技术，通过梯度设计、多层复合等技术及优化关键部位的抗侵蚀和服役功能等手段和方法，解决了制约材料关键服役性能协同提升的国际难题，开发出高服役性能系列梯度多层复合功能耐火材料，并获得了国家技术发明二等奖；以中国有色矿业集团为主研发的红土镍矿生产高品位镍铁关键技术，率先实现了我国镍铁生产设备的大型化、自动化和产品高端化，使我国镍铁生产技术进入世界先进行列，并获得了国家科技进步二等奖。

三、节能减排取得新成效

《"十三五"节能减排综合工作方案》（以下简称《方案》）提出，强化节能环保标准约束，严格行业规范、准入管理和节能审查，对钢铁、建材、有色、化工、石油石化等原材料行业中，环保、能耗、安全等不达标或生产、使用淘汰类产品的企业和产能，要依法依规有序退出；到 2020 年，工业能源利用效率和清洁化水平显著提高，规模以上工业企业单位增加值能耗比 2015 年降低 18% 以上，钢铁、有色、建材、石油石化、化工等重点耗能行业能源利用效率达到或接近世界先进水平；实施钢铁、水泥、石化、平板玻璃、有色等重点行业全面达标排放治理工程。根据《方案》要求，原材料企业积极开展节能减排工作。以钢铁企业为例，2016 年钢协会员企业能源消耗总量同比持续呈下降趋势，吨钢可比能耗、吨钢耗电、吨钢耗新水以及球团、焦化、转炉炼钢、电炉炼钢和钢加工工序等主要工序能耗逐月下降，但由于产量下降等原因，吨钢综合能耗较 2015 年略有上升；主要污染物排放量持续减少，资源、二次能源利用水平进一步提高①。

四、智能制造稳步推行

原材料行业智能制造是将数字化和智能化渗透到企业生产经营的各个环节，是将先进制造模式与现代传感技术、网络技术、自动化技术、智能化技术和管理技术的融合，是两化深度融合发展的产物。目前，国内原材料行业的智能制造仍处于探索和尝试阶段。以钢铁行业为例，"十二五"以来，钢铁行业关键工艺流程数控化率超过 65%，企业资源计划（ERP）装备率超过 70%，以宝钢热连轧智能车间、鞍钢冶金数字矿山为示范的智能制造工厂试点逐步展开，南钢船板分段定制准时配送（JIT）为代表的个性化、柔性化产品定制新模式不断出现。钢铁交易新业态不断涌现，形成了一批钢铁电商交易平台，以钢银电商、欧冶云商为代表的一批钢铁电商企业陆续出现，盈利能力较强。

---

① 李保军：《会员钢铁企业节能减排统计月度简析》，中国钢铁工业协会信息统计部。

行业篇

第三章　石化化工行业

2016 年，我国石化化工行业总体保持平稳较快发展，综合实力显著增强。主要化学品产量保持稳定、行业投资下降、产品价格出现不同程度回升、经济效益有所改善、进口压力进一步增加。但仍需关注如下问题：行业运行成本居高不下、行业投资首次下降、进口压力加大、出口形势严峻。

第一节　基本判断

一、主要化学品产量保持稳定

2016 年，我国原油产量 19969 万吨，同比减少 7%；表观消费量 57776 万吨，同比增加 5.55%。原油进口量 38101 万吨，同比增长 13.6%，对外依存度进一步增加，达 65.44%。原油加工量 54101.3 万吨，同比增加 3.64%。

表 3-1　2016 年成品油生产情况

（单位：万吨，%）

产品	生产情况	
	产量	同比
汽油	12932.00	6.8
煤油	3983.80	8.9
柴油	1540.00	115.0

资料来源：Wind 资讯，2017 年 2 月。

烯烃方面，1—12 月，乙烯产量 1781 万吨，同比增加 3.9%；表观消费量 1945.8 万吨，同比增加 4.3%。1—11 月，丙烯产量 2051 万吨，同比增加 13.3%。芳烃方面，1—10 月，苯产量 661.9 万吨，同比增加 2.8%；表观消费量773.2万吨,同比增加3.8%。

表3-2　2016年烯烃和芳烃产销情况

(单位:万吨,%)

产品	生产情况		消费情况	
	产量	同比	消费量	同比
乙烯	1781	3.9	1945.8	4.3
丙烯	2051(1—11月)	13.3	—	—
苯	661.9(1—10月)	2.8	773.2(1—10月)	3.8

资料来源:Wind资讯,2017年2月。

传统化工产品方面,1—12月,硫酸、烧碱产量分别为8889万吨和3284万吨,同比分别下降1.0%和增长8.6%。1—11月,甲醇产量达3921.9万吨,同比增加8.2%;表观消费量4264.4万吨,同比增加14.9%。受产能过剩等因素影响,1—10月,氮肥、磷肥产量分别为4053.6万吨和1528.8万吨,同比减少0.6%和8.4%。此外,农药、聚氯乙烯和纯碱等产销量保持稳定。

表3-3　2016年传统化工产品产销情况

(单位:万吨,%)

产品	生产情况		消费情况	
	产量	同比	消费量	同比
甲醇	3921.9(1—11月)	8.2	4264.4(1—10月)	14.9
氮肥(折纯)	4053.6(1—10月)	-0.6	—	—
磷肥(折纯)	1528.8(1—10月)	-8.4	—	—
农药(原药)	377.8	1.0	—	—
硫酸	8889	-1.0	9025.96	-0.5
烧碱	3284	8.6	3097.67	8.5
聚氯乙烯	1521.43(1—11月)	3.2	1486.43(1—11月)	0.5
纯碱	2588.3	-0.1	2403.95	1.3
涂料	1704.53(1—11月)	8.7	1166.72(1—8月)	8.6

资料来源:Wind资讯,2017年2月。

二、行业投资首次下降

2016年,石油加工、炼焦及核燃料加工业固定资产完成额为2696.2亿元,同比增长6.2%;化学原料及化学制品制造业固定资产投资完成额为

14753.0 亿元，同比下降 1.6%，这是行业首次出现下降；橡胶和塑料制品业固定资产投资完成额为 7015 亿元，同比增长 7.4%。

表 3 - 4　2016 年行业固定资产投资完成额及累计同比情况

（单位：亿元，%）

行业	2016 年		2015 年	
	投资完成额	累计同比	投资完成额	累计同比
石油加工、炼焦及核燃料加工业	2696.2	6.2	2538.7	− 20.9
化学原料及化学制品制造业	14753.0	− 1.6	14990.9	3.3
橡胶和塑料制品业	7015	7.4	6530	10.1

资料来源：Wind 资讯，2017 年 2 月。

三、产品价格不同程度回升

2016 年，国际原油价格由年初的 30 美元/桶左右上涨到年底的 50 美元/桶左右。受原油价格影响，化工行业主要产品价格出现上扬。LDPE、HDPE、丙烯、苯分别由 2015 年 11 月的 9650 元/吨、9010 元/吨、5600 元/吨、4520 元/吨上涨到 2016 年 11 月的 12600 元/吨、10530 元/吨、7270 元/吨、5940 元/吨。同时，甲醇、对二甲苯等产品也出现不同程度的上扬。受环保、物流等成本上涨影响，聚氯乙烯产品价格也出现上涨，SG3 和 LS - 100 产品价格

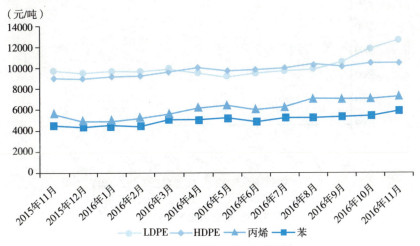

图 3 - 1　主要烯烃芳烃产品价格

资料来源：Wind 资讯，2017 年 2 月。

分别由 2015 年 11 月的 4930 元/吨和 6200 元/吨增加到 2016 年 11 月的 7830 元/吨和 8710 元/吨。受下游氧化铝需求拉动等因素影响，烧碱价格由 2015 年 11 月的 2300 元/吨增加到 2016 年 11 月的 3350 元/吨。

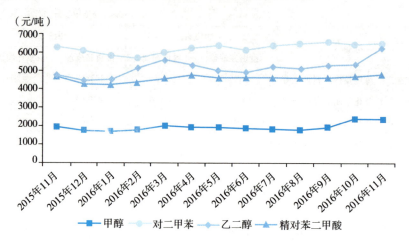

图 3–2　主要有机原料产品价格

资料来源：Wind 资讯，2017 年 2 月。

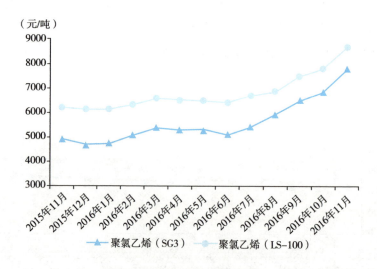

图 3–3　聚氯乙烯产品价格

资料来源：Wind 资讯，2016 年 12 月。

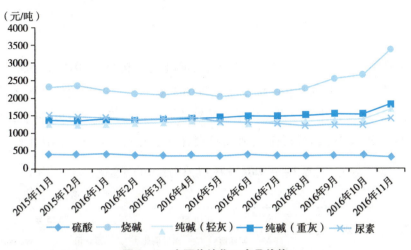

图 3 - 4　主要传统化工产品价格

资料来源：Wind 资讯，2017 年 2 月。

四、经济效益有所改善

2016 年，石油加工、炼焦及核燃料加工业主营业务收入和利润分别为 34264.7 亿元和 1842.4 亿元，同比分别下降 0.5% 和增加 164.9%；化学原料及化学品制造业主营业务收入和利润分别为 87707.1 亿元和 4983.2 亿元，同比分别增加 5.6% 和 10.7%；橡胶和塑料制品制造业主营业务收入和利润分别为 32360.2 亿元和 2003.5 亿元，同比分别增加 5% 和 6.7%。

表 3 - 5　2016 年石化化工行业经营及累计同比情况

（单位：个，亿元，%）

行业	企业单位数	资产总计		主营业务收入		利润	
		累计值	累计同比	累计值	累计同比	累计值	累计同比
石油加工、炼焦及核燃料加工业	1948 （1—11月）	25661 （1—11月）	4.9	34264.7	- 0.5	1842.4	164.9
化学原料及化学品制造业	24905 （1—11月）	75108.8 （1—11月）	5.2	87707.1	5.6	4983.2	10.7
橡胶和塑料制品制造业	18180 （1—11月）	22081.8 （1—11月）	5	32360.2	5	2003.5	6.7

资料来源：Wind 资讯，2017 年 2 月。

五、进口压力进一步增加

2016 年，石化化工行业出口交货值小幅上涨，扭转了 2015 年全面下滑的局面。其中，石油加工、炼焦及核燃料加工业的出口交货值为 498.3 亿元，同比上涨 1.6%；化学原料及化学制品制造业出口交货值为 4267.9 亿元，同比上涨 3.9%；橡胶和塑料制品业出口交货值为 3751.2 亿元，同比上涨 2%。

表 3-6　2016 年石化化工行业出口交货值

（单位：亿元,%）

行业	2016 年		2015 年	
	累计值	累计同比	累计值	累计同比
石油加工、炼焦及核燃料加工业	498.3	1.6	496	-10.3
化学原料及化学制品制造业	4267.9	3.9	4157.1	-4.2
橡胶和塑料制品业	3751.2	2	3670	-6.2

资料来源：Wind 资讯，2017 年 2 月。

2016 年，我国原油进口进一步增加，进口量达 3.8 亿吨，同比增加 13.6%；原油进口金额 1164.7 亿美元，同比下降 13.3%。原油对外依存度达 65.4%，同比增加 4.67%。具体产品来看，乙烯、丙烯进口量同比增加 9.3% 和 4.8%；苯进口量同比增加 28.5%，进口量达 154.9 万吨；对二甲苯、甲醇进口量同比增加 5.8% 和 59%，进口量分别为 1236.1 万吨和 880.7 万吨；精对苯二甲酸进口量同比下降 32.0%，进口量为 46.7 万吨。

表 3-7　2016 年主要产品进出口数量

（单位：万吨,%）

产品	进口（万吨）		出口（万吨）	
	累计	同比	累计	同比
乙烯	165.66	9.3	0.8	—
丙烯	290.3	4.8	0.0	—
苯	154.9	28.5	5.3	-42.6
对二甲苯	1236.1	5.8	5.7	-43
甲醇	880.7	59	3.4	-79.4
精对苯二甲酸	46.7	-32.0	69.5	11.6

产品	进口（万吨）		出口（万吨）	
	累计	同比	累计	同比
乙二醇	752.6	−13.8	1.9	−3
氮肥（折纯）	9.7	246.4	1494.0	−25.8
钾肥	691.4	13.4	32.2	117.6
农药（原药）	8.5	−5.8	140	19.1
烧碱	1.0	4.2	187.3	7.9
聚氯乙烯	87	−6.6	117	−33.3
纯碱	13.5	—	197.8	−9.8
涂料	1512.9	—	11.7	−14.6
合成橡胶	331	66.8	17.7	—

资料来源：Wind 资讯，2017 年 2 月。

第二节　需要关注的几个问题

一、行业运行成本居高不下

2016 年 1—11 月，石油加工、炼焦及核燃料加工业每百元主营收入的成本达到 77.3 元；化学原料及化学制品制造业为 86.1 元；橡胶和塑料制品业 86.6 元。同时，随着人力成本、物流成本及安全环保投入增加等的增加，企业运行压力进一步增加。

二、行业投资首次下降

2016 年，石化化工行业投资首次出现下降，较 2015 年下降 1.6%。行业投资下降，一方面是受产能过剩影响，企业投资意愿不强，外资在华投资下降，已立项项目延期；另一方面是行业缺少新的增长点。应加大对石化化工行业的技术改造、智能制造、提升化工园区安全环保水平和危化品搬迁等方面的支持力度，稳定行业投资。

三、进口压力增大，出口形势严峻

2016 年，我国乙烯、丙烯、苯、对二甲苯、甲醇和合成橡胶等大宗商品进口数量进一步增加。其中，对二甲苯进口量达 1236.1 万吨，同比增长 5.8%，甲醇进口量达 880 万吨，同比增长 59%，合成橡胶进口量达 331 万吨，同比增长 66.8%。同时，面对低迷的外部市场，出口压力进一步增加。 2016 年我国氮肥出口量为 1494 万吨，同比下降 25.8%。为增加化肥行业出口，《关于 2017 年关税调整的方案》取消了氮肥、磷肥等肥料的出口关税，并降低了三元复合肥的出口关税，有望提升化肥行业景气度。

第四章 钢铁行业

2016 年，我国钢铁行业产量小幅增长，进口量增加，出口量下降，表观消费量呈现小幅增长，产品价格震荡上行，行业总体实现盈利。2017 年，行业仍然面临产能过剩、出口环境依然严峻、企业降本增效难度加大等一系列问题。

第一节 基本判断

一、产需双双小幅增长

（一）粗钢产量保持小幅增长

2016 年 1—11 月，中国生铁、粗钢和钢材产量分别为 6.43 亿吨、7.39 亿吨和 10.43 亿吨，同比分别增长了 0.4%、1.1% 和 2.4%。

表 4-1 2016 年 1—11 月全国冶金企业主要产品产量

（单位：万吨，%）

	2016 年 1—11 月	2015 年 1—11 月	同比
生铁	64326.1	63846.4	0.4
粗钢	73893.7	73837.8	1.1
钢材	104344.3	102812.3	2.4
铁矿石原矿量	116234.3	125226.5	-3.6
铁合金	3260.8	3355.1	-2.5

资料来源：国家统计局，2017 年 1 月。

从钢材产品结构看，2016 年 1—11 月，板带材产量 4.73 亿吨，占钢材总产量的比重为 45.4%，与 2015 年同期相比提高了 1.5 个百分点；长材产量

4.42亿吨，占钢材总产量的比重为42.3%，与2015年同期相比下降了1.4个百分点；管材产量0.9亿吨，占钢材总产量的比重为8.7%，与2015年同期持平；铁道用材产量416万吨，占钢材总产量的比重为0.4%。

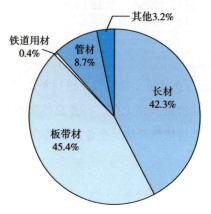

图4-1 2016年1—11月中国钢材产品结构

资料来源：赛迪智库原材料工业研究所整理，2017年1月。

从钢材分品种产量看，2016年1—11月，铁道用材、中小型型钢、线材、钢筋、特厚板、中厚板和无缝管的累计产量出现同比下降，其他钢材品种产量则均呈现不同程度的增长，其中热轧薄板增幅最大，超过26%，其次是冷轧薄宽钢带、镀层板（带）和涂层板（带），增幅均超过了10%。

表4-2 2016年1—11月全国钢材分品种产量

（单位：万吨,%）

	2016年1—11月	2015年1—11月	同比
钢材合计	104344.4	101929.0	2.4
铁道用钢材	416.0	443.7	-6.2
大型型钢	1412.4	1345.4	5.0
中小型型钢	4741.2	4961.6	-4.4
棒材	6480.8	6376.9	1.6
钢筋	18425.5	18536.4	-0.6
盘条（线材）	13117.9	13384.1	-2.0
特厚板	697.1	711.3	-2.0
厚钢板	2290.1	2329.5	-1.7
中板	3280.4	3564.4	-8.0

	2016 年 1—11 月	2015 年 1—11 月	同比
热轧薄板	1004.6	793.2	26.7
冷轧薄板	3497.4	3407.5	2.6
中厚宽钢带	12018.7	11415.3	5.3
热轧薄宽钢带	5278.5	4970.6	6.2
冷轧薄宽钢带	4879.4	4184.0	16.6
热轧窄钢带	6115.0	5765.5	6.1
冷轧窄钢带	1251.0	1218.0	2.7
镀层板（带）	5410.3	4775.7	13.3
涂层板（带）	795.2	717.3	10.9
电工钢板（带）	823.5	814.1	1.2
无缝钢管	2477.6	2588.1	−4.3
焊接钢管	6563.4	6280.9	4.5
其他钢材	3368.4	3345.5	0.7

资料来源：国家统计局，2017 年 1 月。

从各地区钢铁生产情况来看，2016 年 1—11 月，东部、中部和西部地区粗钢产量分别为 47822.6 万吨、16253.0 万吨和 9818.2 万吨，分别占全国粗钢总产量的 64.7%、22.0% 和 13.3%，其中东部地区粗钢产量同比增长 1.4%，而中部地区和西部地区粗钢产量与上年相比，则分别下降了 0.1% 和 5.9%。

表 4 – 3　2016 年 1—11 月各区域钢铁产品生产情况

（单位：万吨，%）

区域	生铁			粗钢			钢材		
	产量	同比增长	占全国比重	产量	同比增长	占全国比重	产量	同比增长	占全国比重
东部	41392.6	1.6	64.3	47822.6	1.4	64.7	70414.9	3.1	67.5
中部	14843.3	0.3	23.1	16253.0	−0.1	22.0	19838.0	−0.9	19.0
西部	8090.2	−2.8	12.6	9818.2	−5.9	13.3	13942.5	−2.8	13.4
合计	64326.1	0.8	100.0	73893.8	0.1	100.0	104342.5	1.5	100.0

资料来源：赛迪智库原材料工业研究所整理，2017 年 1 月。

（二）粗钢消费小幅增长

2016 年 1—11 月，中国粗钢产量 73893.8 万吨，净出口材坯折合粗钢 9408 万吨，2016 年 1—11 月，中国粗钢表观消费量约为 64486 万吨，同比增长 0.3%。从 2016 年 1—11 月钢材下游消费行业发展看，建筑业固定资产投资增速 4.8%，其中房地产投资同比增长 1.3%；机械制造业除交流电动机、拖拉机、金属冶炼设备、铁路机车产量同比下降以外，其他产品产量与 2015 年同期相比均有不同程度的增长，特别是大气污染防治设备和工业机器人，增幅分别为 28.4% 和 31.7%。

表 4-4 2016 年 1—11 月各用钢行业产品产量情况

指标名称	单位	产量	同比（%）	上年同比（%）
包装专用设备	台	93542.0	4.3	-2.6
大气污染防治设备	台（套）	516900.0	28.4	6.6
电动手提式工具	万台	23102.2	2.7	1.6
发电设备	万千瓦	12708.5	2.8	-12.6
发动机	万千瓦	202717.4	10.4	-3.6
工业锅炉	蒸发量吨	409835.5	3.8	-8.3
工业机器人	台/套	64123.0	31.7	/
家用电冰箱	万台	8600.4	4.6	-1.4
家用洗衣机	万台	6962.8	5.7	1.5
交流电动机	万千瓦	25132.9	-2.1	-5.1
金属切削机床	万台	70.7	1.4	-9.1
金属冶炼设备	吨	485778.7	-16.7	-12.4
空调	万台	14514.2	3.1	-0.4
冷柜	万台	1937.4	0.2	1.5
汽车	万辆	2526.1	13.3	1.4
水泥专用设备	吨	798570.2	8.0	-14.5
饲料加工机械	台	438392.0	6.5	-14.5
铁路机车	辆	1095.0	-43.0	11.5
小型拖拉机	万台	122.8	-3.6	-15.7
中型拖拉机	台	517606.0	-7.5	7.3
大型拖拉机	台	59733.0	-18.8	32.7

资料来源：国家统计局，2017 年 1 月。

二、行业投资同比下降

2016 年 1—11 月，中国黑色金属矿采选业与黑色金属冶炼及压延加工业固定资产投资额合计为 4733.8 亿元，同比下降 8.1%，降幅较 2015 年同期减小了 6.4 个百分点。其中，黑色金属冶炼及压延加工业完成投资额 3829.3 亿元，同比下降 1.1%，降幅较 2015 年同期减小了 11.4 个百分点；黑色金属矿采选业完成投资 904.5 亿元，同比下降 29.1%，降幅扩大了 9.2 个百分点。

表 4 - 5　2016 年 1—11 月钢铁行业固定资产投资情况

项目	2016 年 1—11 月		2015 年 1—11 月	
	投资额	同比	投资额	同比
黑色金属矿采选业	904.5	-29.1	1276.6	-19.9
黑色金属冶炼和压延加工业	3829.3	-1.1	3873.5	-12.5
合计	4733.8	-8.1	5150.1	-14.5

资料来源：国家统计局，2017 年 1 月。

三、产品价格震荡上行

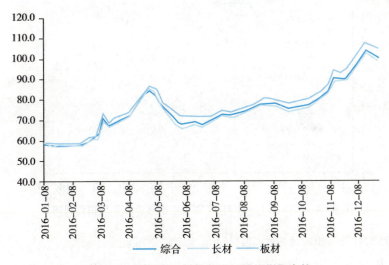

图 4 - 2　2016 年中国钢材市场价格指数走势

资料来源：Wind 资讯，2017 年 1 月。

2016 年，国内钢材价格震荡上行。1—2 月，国内市场钢材综合价格指数基本维持在 55—60 点，进入 3 月，价格开始震荡上行，到 4 月底国内钢材综合价格指数上涨至 84.66 点，涨幅超过了 24 点。此后进入 5 月，钢材价格经历了两个月的调整期，到 6 月底，国内钢材综合价格指数回调至 67.8 点，此后在原材料价格上涨的强力支撑下，钢材价格再次震荡上行，并在 12 月达到年内高点 103.4 点，较年初 57.4 点上涨了 46 点。

四、行业效益实现盈利

2016 年 1—11 月，全国纳入中国钢铁协会统计的 99 家重点钢铁企业的产品销售收入合计为 25098.3 亿元，同比下降 4.4%。在 99 家重点钢铁企业中，有 26 家企业亏损，亏损面 26.3%，这 26 家亏损企业的亏损额合计为 218.8 亿元。

从盈利水平看，2016 年 1—11 月，99 家重点钢铁企业实现利税 1037.0 亿元，同比增加了 999.8 亿元；其中合计利润总额为 331.5 亿元，总体表现为盈利，而 2015 年同期 99 家重点钢铁企业总体亏损 529.1 亿元。2016 年 1—11 月，99 家重点钢铁企业销售利润率为 1.32%。从 99 家重点钢铁企业各月盈利情况来看，除了 1 月和 2 月表现为亏损以外，其他月份均处于盈利。

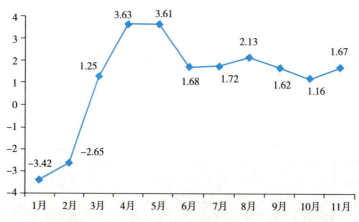

图 4-3　2016 年 1—11 月 99 家重点钢铁企业平均销售利润率

资料来源：中国钢铁工业协会，2017 年 1 月。

从偿债能力来看，2016 年 11 月末，99 家重点钢铁企业的资产总额为 47446.3 亿元，同比增长 1.0%；负债总额为 33082.3 亿元，同比增长 1.6%。从 99 家重点企业统计数据来看，2016 年 11 月末，钢铁行业资产负债率高达 69.7%，与 2015 年相比提高了 0.3 个百分点，资产负债率略有上升。

表 4 – 6　2016 年 1—11 月 99 家重点钢铁企业平均资产负债率

（单位：亿元，%）

	2016 年 11 月末	2015 年 11 月末	同比
资产总额	47446.3	46991.0	1.0
负债总额	33082.3	32567.4	1.6
资产负债率	69.7	69.3	上升 0.4 个百分点

资料来源：中国钢铁工业协会，2017 年 1 月。

五、进出口数量有降有升

（一）净出口同比下降

2016 年 1—11 月，中国出口钢材 10066 万吨，同比下降 1.1%；出口钢材金额 498.9 亿美元，同比下降 13.9%。同期，中国进口钢材 1202 万吨，同比增长 3.6%；进口钢材金额 119.7 亿元，同比下降 8.8%。总体来看，2016 年 1—11 月，中国净出口钢材 8864 万吨，同比下降 1.7%；进出口贸易顺差 379.2 亿美元，同比下降 15.4%。2016 年 1—11 月，我国进口钢材平均价格 995.9 美元/吨，出口钢材平均价格 495.7 美元/吨，进出口价差 500.2 美元/吨，而 2015 年 1—11 月钢材进出口价差约为 561.9 美元/吨。

表 4 – 7　2016 年 1—11 月中国钢材进出口情况

项目	数量（万吨，%）			金额（亿美元，%）		
	2016 年 1—11 月	2015 年 1—11 月	同比	2016 年 1—11 月	2015 年 1—11 月	同比
出口	10066.0	10174.4	-1.1	498.9	579.4	-13.9
进口	1202.0	1160.0	3.6	119.7	131.2	-8.8
净出口	8864.0	9014.4	-1.7	379.2	448.2	-15.4

资料来源：海关总署，2017 年 1 月。

（二）出口同比小幅下降

2016 年 1—11 月，中国出口钢材 10068.1 万吨，其中铁道用材 44.7 万吨，占钢材出口总量的 0.4%；角型材 458.9 万吨，占钢材出口总量的 4.6%；棒线材 3913.2 万吨，占钢材出口总量的 38.9%；板材 4394.0 万吨，占钢材出口总量的 43.6%；管材 889.3 万吨，占钢材出口总量的 8.8%。总体来看，各类钢材品种出口均出现不同程度的下降，其中铁道用材出口下降 39.4%。

表 4-8　2016 年 1—11 月中国钢材分品种出口情况

品种	数量（万吨，%）			金额（亿美元，%）		
	2016 年 1—11 月	2015 年 1—11 月	同比	2016 年 1—11 月	2015 年 1—11 月	同比
钢材	10068.1	10174.4	-1.0	498.9	579.4	-13.9
棒线材	3913.2	3932.1	-0.5	130.4	149.5	-12.8
角型材	458.9	479.2	-4.2	18.6	22.7	-18.1
板材	4394.0	4409.9	-0.4	223.1	254.0	-12.1
管材	889.3	914.3	-2.7	71.8	88.1	-18.5
铁道用材	44.7	73.8	-39.4	3.4	6.7	-49.5
其他钢材	367.9	365.0	0.8	51.6	58.4	-11.7

资料来源：海关总署，2017 年 1 月。

从中国钢材出口国家看，韩国位于首位，其次是越南、菲律宾和泰国。2016 年 1—11 月，中国出口至韩国的钢材为 1328.9 万吨，占出口总量的 13.2%；出口至越南 1086.3 万吨，占出口总量的 10.8%；出口至菲律宾 598.5 万吨，占出口总量的 5.94%；出口至泰国 589.5 万吨，占出口总量的 5.86%。

表 4-9　2016 年 1—11 月中国分国别钢材出口情况

（单位：万吨，亿美元，%）

国别	出口量	出口量增长率	出口额	出口额增长率
全球	10068.1	-1.0	498.9	-13.9
韩国	1328.9	7.6	59.6	-6.1
越南	1086.3	20.3	44.1	7.1
菲律宾	598.5	14.1	23.9	2.9
泰国	589.5	36.1	27.2	14.6
印度尼西亚	527.6	20.8	20.3	-3.9
马来西亚	315.3	4.8	14.5	-9.7
印度	304.6	-27.2	18.5	-28.9
沙特阿拉伯	297.5	20.8	12.6	-0.7
新加坡	279.9	-5.0	11.2	-18.0
巴基斯坦	265.2	15.6	11.8	3.7

资料来源：海关总署，2017 年 1 月。

（三）进口同比增长

2016 年 1—11 月，中国进口钢材数量 1202 万吨，其中铁道用材 1.9 万吨，占钢材进口总量的 0.2%；角型材 28.3 万吨，占钢材进口总量的 2.4%；棒线材 108.5 万吨，占钢材进口总量的 9.0%；板材 1008.7 万吨，占钢材进口总量的 83.9%；管材 36.0 万吨，占钢材进口总量的 3.0%。总体来看，铁道用材和角型材进口数量与 2015 年同期相比有不同程度的下降，棒线材、板材和管材进口量则分别同比增长 11.3%、3.3% 和 4.5%。

表 4-10　2016 年 1—10 月中国钢材分品种进口情况

品种	数量（万吨，%）			金额（亿美元，%）		
	2016 年 1—11 月	2015 年 1—11 月	同比	2016 年 1—11 月	2015 年 1—11 月	同比
钢材	1202.0	1160.0	3.6	119.7	131.2	-8.8
棒线材	108.5	97.5	11.3	13.0	13.2	-1.6
角型材	28.3	29.9	-5.4	2.1	2.7	-22.4
板材	1008.7	976.4	3.3	80.8	89.5	-9.8
管材	36.0	34.4	4.5	13.5	14.6	-7.5
铁道用材	1.9	2.2	-13.5	0.3	0.4	-12.6
其他钢材	18.6	19.5	-4.6	10.0	10.8	-7.8

资料来源：海关总署，2017 年 1 月。

从中国钢材进口国家和地区看，居于首位的是日本，其次是韩国、中国台湾和德国。2016 年 1—11 月，中国从日本进口钢材 501.6 万吨，占钢材进口总量的 41.7%；从韩国进口 400.8 万吨，占钢材进口总量的 33.3%；从中国台湾进口 143.2 万吨，占进口总量的 11.9%；从德国进口 46.7 万吨，占进口总量的 3.9%。

表 4-11　2016 年 1—11 月中国分国别（地区）进口钢材情况

（单位：万吨，亿美元，%）

国别（地区）	进口量	进口量增长率	进口额	进口额增长率
全球	1202.0	3.6	119.7	-8.8
日本	501.6	0.9	43.1	-9.6
韩国	400.8	11.6	31.7	-2.2
中国台湾	143.2	-0.4	11.2	-12.6

续表

国别	进口量	进口量增长率	进口额	进口额增长率
德国	46.7	4.0	9.6	-5.7
法国	16.0	-6.3	2.9	-11.6
瑞典	10.3	-21.1	2.9	-26.8
比利时	7.7	-7.0	1.2	-20.2
哈萨克斯坦	7.1	125.8	0.2	52.7
奥地利	6.4	92.1	1.4	39.0

资料来源:海关总署,2017年1月。

第二节　需要关注的几个问题

一、去产能带来一系列问题

2017年初,国家发改委明确指出去产能仍是工作的重要内容。河北省作为钢铁第一大省,提出2017年将压减炼钢产能1562万吨、炼铁产能1624万吨;山西省提出2017年将退出钢铁产能170万吨;黑龙江省提出2017年将封存炼钢产能610万吨;吉林省提出2017年推动通钢集团压减炼铁产能80万吨;内蒙古自治区提出2017年将完成55万吨钢铁、120万吨煤炭产能的退出任务。从已公布数据看,钢铁大省去产能力度不减,符合中央经济工作会议提出的"继续推动钢铁行业化解过剩产能"的要求。国家发改委表示,预计2017年去产能的任务应该会在5000万吨左右。但去产能所带来的人员安置、资产处置等问题将愈加凸显。按照行业平均劳动生产率水平,每压缩1000万吨钢铁产能就会直接影响就业人员2万—3万人,进一步考虑压减钢铁产能对港口、运输、焦炭生产、钢材加工等钢铁上下游产业的影响,则需要安置的人员将会更多。综合来看,我国钢铁工业去产能的任务依然十分艰巨,去产能带来的系列问题是今后一段时间必须应对的现实问题。

二、出口贸易环境依然严峻

2016 年，我国钢材出口一直保持较高水平，伴随大量钢材出口带来的是来自多个国家的贸易摩擦。2016 年来自巴西、美国、墨西哥、越南、加拿大、南非、欧盟、土耳其、印度、中国台湾等多个国家和地区的贸易摩擦，涉及多种钢材品种，其中包括无缝钢管、涂镀板、冷轧板等高附加值产品。2017 年，面对全球性钢铁产能过剩，钢材贸易保护主义将日趋严重。特别是随着部分发展中国家钢铁工业技术的不断发展，电工钢、镀锌板、彩涂板等高附加值产品的自供能力不断提高，该类产品也将面临巨大的贸易摩擦风险。

三、钢铁企业降本增效难度加大

2016 年，国内市场钢铁原燃料价格一路高歌，钢铁生产成本大幅增长，使得众钢企降本增效难度增加。以唐山地区为例，2016 年初，二级冶金焦到厂含税价格是 690 元/吨，到 2016 年 12 月，该产品价格一度超过 2200 元/吨，虽然至年末该价格回落至 1985 元/吨，但仍较年初上涨了 1295 元/吨。另外，2016 年初，京唐港 PB 粉车板价是 330 元/吨，到年末已经涨至 630 元/吨。如果按照冶炼一吨生铁需要耗费 1.6 吨铁矿石和 500kg 焦炭计算，仅因铁矿石和焦炭价格上涨就导致生铁生产成本增加了 1100 元以上。而受制于国内产能过剩压力，钢材市场竞争激烈，钢材盈利空间受压，使得企业降本增效压力增大。

第五章　有色金属行业

　　2016 年，我国有色金属行业发展保持平稳态势，为实现由大到强奠定了坚实基础。铜、铅、锌产销量同比增加，产品价格大幅上涨，产品进出口分化；行业投资增速明显放缓，行业整体效益出现好转。但仍需注意的是：行业供应过剩局面将长期存在、主要有色金属价格上涨动力不足、影响市场的不确定因素增加、行业发展新动能尚未形成。

第一节　基本判断

一、铜铅锌产销量同比增加

（一）生产情况

　　十种有色金属产量增速放缓。2016 年，我国有色金属产量波动增长，但增速逐渐回落。1—11 月，十种有色金属产量达到 4780.3 万吨，较上年同期增长 1.3%，增速较上年同期回落 6.2 个百分点。分月来看，十种有色金属产量月产量均保持在 424 万吨以上，呈增长态势；第二季度，产量逐月递增，6 月当月产量达到 442.5 万吨的季度峰值，7 月产量有所下降；之后产量逐月递增，11 月产量达到 458.5 万吨，为年内最高水平。从日均产量来看，十种有色金属的日均产量均超过 14 万吨，呈现增长态势，11 月日均产量为 15.3 万吨，达到年度峰值。

表 5 - 1　2016 年 1—11 月十种有色金属产量及增长情况

（单位：万吨,%）

时间	2016 年		2015 年	
	产量	同比增长	产量	同比增长
3 月	431.1	4.4	415.3	6.6
4 月	424.5	1.7	416.8	9.7
5 月	436.4	1.0	433.7	11.4
6 月	442.5	-1.2	453.7	13.2
7 月	438.6	0.7	435.7	9.3
8 月	445.2	1.2	440.6	9.4
9 月	452.0	2.7	437.5	6.3
10 月	454.8	3.2	435.5	2.6
11 月	458.5	2.3	443.9	1.4
1—11 月	4780.3	1.3	4704.6	7.5

资料来源：国家统计局，2017 年 1 月。

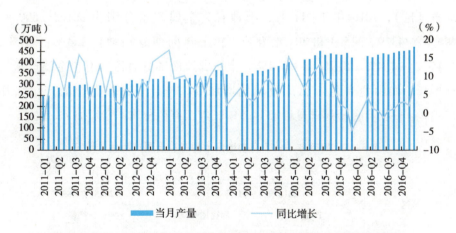

图 5 - 1　2011—2016 年十种有色金属产量当月产量及当月同比增长率

资料来源：国家统计局，2017 年 1 月。

　　铜、铅、锌产量保持增长。分品种来看，1—11 月，铜、铝、铅、锌产量分别为 768.1 万吨、2898.2 万吨、395.2 万吨和 573.9 万吨，同比增长分别为 7.4%、-0.7%、5.1%、1.2%。除铝产量有所下降外，铜、铅、锌产量均保持增长，其中铅产量增速高于上年 10.1 个百分点，铜产量增速高于上年

1.7 个百分点，锌产量增速低于上年 5.6 个百分点。

表5-2   2016 年1—11月主要有色金属产品生产情况

（单位：万吨，%）

品种	2016 年 1—11 月		2015 年 1—11 月	
	产量	同比增长	产量	同比增长
铜	768.1	7.4	725.9	5.7
铝	2898.2	-0.7	2910.0	10.4
铅	395.2	5.1	355.7	-5.0
锌	573.9	1.2	568.6	6.8
镍	20.5	-7.9	31.4	9.9
锡	16.6	10.5	15.1	-5.2
锑	18.7	-1.5	18.5	-14.0
镁	82.9	4.0	74.9	-4.0

资料来源：国家统计局，2017 年1月。

分区域来看，山东、新疆、河南、甘肃、云南、内蒙古是有色金属产量大省（区），2016 年 1—11 月，十种有色金属产量分别为 861.3、600.8、496.6、343.9、325.9 和 304.4 万吨，较上年同期分别增长 2.4%、3.9%、1.4%、-4.4%、8.9% 和 -1.4%。中西部地区部分省区的有色金属产量快速增长，如山西有色金属产量同比增加 20.3%，安徽有色金属产量增加 17.2%，陕西有色金属产量增加 14.7%，广西有色金属产量增加 11.5%。

表5-3   2016 年1—11月各地区十种有色金属产品生产情况

（单位：万吨，%）

地区	2016 年 1—11 月		2015 年 1—11 月
	产量	同比增长	产量
北京	—	—	—
天津	3.1	-16.6	3.7
河北	10.9	-12.2	12.4
山西	108.3	20.3	95.4
内蒙古	304.4	-1.4	315.7
辽宁	86.4	0.3	85.2
吉林	0.11	10.8	0.10
黑龙江	0.04	-53.8	0.09

续表

地区	2016 年 1—11 月		2015 年 1—11 月
	产量	同比增长	产量
上海	4.5	7.6	4.3
江苏	30.3	−16.2	36.1
浙江	38.45	7.6	36.4
安徽	169.7	17.2	121.0
福建	41.9	11.1	37.7
江西	145.9	−4.8	153.2
山东	861.3	2.4	841.5
河南	496.6	1.4	476.3
湖北	79.1	−10.4	87.4
湖南	205.2	−16.6	248.2
广东	33.2	−1.3	33.6
广西	159.7	11.5	143.7
重庆	55.8	−9.6	60.4
四川	49.8	−11.2	55.2
贵州	88.5	4.8	84.5
云南	325.9	8.9	301.3
陕西	210.8	14.7	196.1
甘肃	343.9	−4.4	356.2
青海	213.7	0.1	212.4
宁夏	111.2	−11.5	125.7
新疆	600.8	3.9	580.7

资料来源：国家统计局，2017 年 1 月。

（二）铜铅锌消费量增加

2016 年前三个季度，我国十种有色金属产量为 3864.2 万吨，销售量为 3776.8 万吨，产销率达到 99.7%，库存比年初下降 7.2%。

分品种看，1—9 月，铜、铝、铅、锌表观消费量波动增长，消费量分别为 870.8、2317.2、312.6 和 499.3 万吨；除铝消费量同比略有下降外，铜、铅、锌分别同比增长 6.3%、10.6% 和 4.6%。

表5-4 2016年主要有色金属产品表观消费量

（单位：万吨）

时间	铜	铝	铅	锌
1月	88.6	223.5	30.4	50.7
2月	89.6	225.3	29.2	46.8
3月	102.9	274.1	33.4	55.5
4月	111.1	253.5	33.3	56.2
5月	95.6	267.5	35.7	60.5
6月	101.1	268.6	38.1	59.2
7月	88.4	264.0	38.1	53.8
8月	92.6	268.2	38.1	56.2
9月	100.9	272.5	36.3	60.5
2016年1—9月	870.8	2317.2	312.6	499.3
2015年同期	819.5	2348.3	282.5	477.5

资料来源：根据 WBMS 数据整理，2017 年 1 月。

二、投资增速明显放缓

图 5-2 2016 年 1—12 月有色金属采矿业固定资产投资情况

资料来源：国家统计局，2017 年 1 月。

2016 年，全行业产能过剩依然显著，使得行业投资规模逐渐缩小，投资增速明显放缓。1—12 月，有色金属行业完成固定资产投资 6688 亿元，同比减少 6.7%，而上年同期为减少 3.2%；也远远低于全国投资水平，全国固定资产投资（不含农户）同比增长 8.3%。有色金属矿采选业完成投资 1429 亿元，同比减少 10%，比上年同期低 7.7 个百分点；有色金属冶炼及压延加工业完成投资 5259 亿元，同比减少 5.8%，比上年同期低 1.8 个百分点。

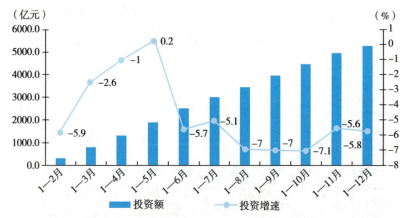

图 5－3　2016 年 1—12 月有色金属冶炼及压延加工业固定资产投资情况

资料来源：国家统计局，2017 年 1 月。

三、铜铝铅锌产品价格大幅上涨

2016 年，铜铝铅锌价格普遍上涨。铜价呈现波动震荡后大幅上涨态势。1—10 月，铜价波动上涨，从 1 月的 35417 元/吨上涨到 10 月的 37664 元/吨，但价格整体低于 2015 年同期水平。10 月之后，铜价大幅上涨，从 11 月的 43770/吨上涨到 12 月的 45987 元/吨，为年内最高水平。

图 5－4　2016 年铜价格走势（元/吨）

资料来源：根据上海期货交易所数据整理，2017 年 1 月。

2016年1—12月，铝价呈现先涨后跌、总体上涨的态势。1—7月，铝价不断上涨，从年初的10845元/吨上涨至7月的12701元/吨；除7月外，其他月份价格均低于上年同期水平。7—9月，铝价格回调至12534元/吨。之后，铝价大幅上涨至11月的14340元/吨，为年内最高水平。12月，铝价再次回调至13121元/吨。

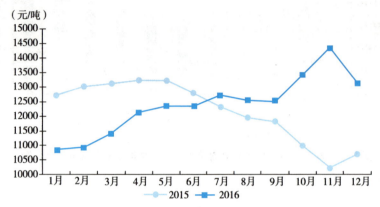

图5-5　2016年铝价格走势

资料来源：根据上海期货交易所数据整理，2017年1月。

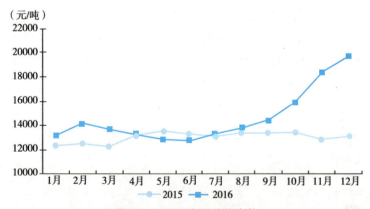

图5-6　2015年铅价格走势

资料来源：根据上海期货交易所数据整理，2017年1月。

2016年1—12月，铅价呈现先涨后跌、大幅上涨的态势，从年初的13094元/吨上涨到12月的197131元/吨。1—2月，铅价上涨至14130元/吨。之后，缓慢下跌至6月的12777元/吨，为年内最低价格水平。三季度，铅价缓慢上涨，至9月底，达到14398元/吨。四季度，铅价大幅上涨，12月底，达到年内最高价格水平，为 19713 元/吨。

2016 年 1—12 月，国内锌价格快速上涨。从 1 月的 12775 元/吨上涨到 12 月的 21752 元/吨。与年初相比，价格上涨 70%。

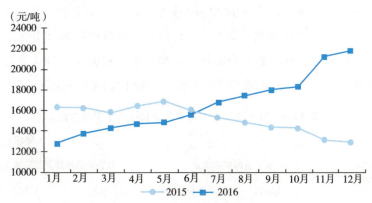

图 5-7 2016 年锌价格走势

资料来源：根据上海期货交易所数据整理，2017 年 1 月。

四、行业整体效益好转

表 5-5 2016 年 1—11 月有色金属行业实现利润情况

（单位：亿元，%）

时间	有色金属矿采选业		有色金属冶炼及压延加工业	
	利润	同比增长	利润	同比增长
2011 年同期	658.8	52.3	1454.7	53.1
2012 年 1—11 月	646.2	-2.3	1086.4	-18.1
2013 年 1—11 月	563.1	-12.4	1122.6	1.3
2014 年 1—11 月	495.6	-12.3	1233.6	9.3
2015 年 1—11 月	394.8	-19.8	1168.9	-6.9
2016 年 1—11 月	412.9	7.6	1626.6	37.4

资料来源：国家统计局，2017 年 1 月。

2016 年 1—11 月，有色金属行业整体盈利好转，实现利润 2039.5 亿元，比上年同期增加 475.8 亿元，其中有色金属矿采选业实现利润 412.9 亿元，同比增加 7.6%，扭转了 2011 年以来利润持续降低的局面，销售利润率为 7.16%，与上年同期基本持平，下降 0.02 个百分点；有色金属冶炼及压延加工业实现利润 1626.6 亿元，同比增加 37.4%，而上年同期为下降 6.9%，销售利润率为 3.37%，较上年同期增加 0.85 个百分点。

从亏损情况来看，国家统计局共统计 8958 家企业，其中 1660 家企业亏损，亏损面为 18.5%，较上年的 22.4% 明显下降；其中有色金属矿采选业亏损面为 21.2%，较上年同期下降 1.1 个百分点，亏损额为 46.1 亿元，较上年同期减少 2.6 亿元；有色金属冶炼及压延加工业亏损面为 17.8%，较上年同期增加 4.6 个百分点，亏损额为 222.7 亿元，较上年同期减少 209.3 亿元。

表 5-6　2016 年 1—11 月有色金属行业亏损企业数

（单位：个）

时间	有色金属矿采选业		有色金属冶炼及压延加工业	
	企业总数	亏损企业数	企业总数	亏损企业数
2011 年同期	2042	163	6631	977
2012 年 1—11 月	2122	259	6746	1376
2013 年 1—11 月	2093	295	7049	1422
2014 年 1—11 月	2037	321	7237	1421
2015 年 1—11 月	1949	435	7323	1643
2016 年 1—11 月	1796	381	7162	1279

资料来源：国家统计局，2017 年 1 月。

五、铜铝铅锌产品进出口分化

（一）总体情况

2016 年 1—11 月，我国未锻造的铜及铜材累计出口量达到 81.2 万吨，同比增加 30.8%，自 2013 年以来出口量首次实现增加；未锻造的铝及铝材累计出口量达到 420.0 万吨，同比减少 3.1%，较上年同期降低 17.4 个百分点。同期，我国未锻造的铜及铜材累计进口量达到 446.0 万吨，同比增加 4.3%，而上年同期为降低 2.8%；未锻造的铝及铝材累计出口量达到 53.4 万吨，同比降低 16.8%，降幅较上年同期减少 2.8 个百分点。

表 5 - 7　2016 年 1—11 月有色金属品种进出口情况

（单位：万吨，%）

时间	未锻造的铜及铜材				未锻造的铝及铝材			
	出口量	增长率	进口量	增长率	出口量	增长率	进口量	增长率
2011 年 1—11 月	61.6	24.7	356.4	-9.7	349	31.1	80.7	-7.6
2012 年 1—11 月	70.1	13.8	430.6	20.8	319	-8.6	110.5	37
2013 年 1—11 月	71.6	2.2	410.1	-4.8	334	4.8	83.8	-24.2
2014 年 1—11 月	70.8	-1	440.3	8.3	379.3	13.6	79.9	-4.6
2015 年 1—11 月	62.1	-12.3	428.0	-2.8	433.5	14.3	64.3	-19.6
2016 年 1—11 月	81.2	30.8	446.0	4.3	420.0	-3.1	53.4	-16.8

资料来源：海关总署，2017 年 1 月。

（二）分品种情况

铜：2016 年 1—11 月，我国铜产品出口量显著增加，出口未锻造的铜及铜材 81.2 万吨，同比增加 30.8%；出口精炼铜 39.7 万吨，同比增加 108%，远高于于上年同期 19.1 万吨的水平。铜产品进口总体增加，但不同品种表现出较大的差异。进口未锻造的铜及铜材 446 万吨，同比增加 4.3%，而上年同期为下降 2.8%；进口精炼铜 326.9 万吨，略高于上年同期 325.5 万吨的水平；进口铜矿石及精矿 1535.2 万吨，同比增长近 30%，远高于上年同期 11% 的增长水平。

表 5 - 8　2016 年 1—11 月铜产品进出口情况（单位：万吨，%）

品种	出口				进口			
	2015 年 1—11 月		2016 年 1—11 月		2015 年 1—11 月		2016 年 1—11 月	
	总量	增长率	总量	增长率	总量	增长率	总量	增长率
未锻造的铜及铜材	62.1	-12.3	81.2	30.8	428.0	-2.8	446.0	4.3
精炼铜	19.1	-20.3	39.7	108.0	325.5	-0.6	326.9	0.4
铜矿砂及精矿	0.14	—	0.04	—	1181.6	11	1535.2	29.9

资料来源：海关总署，赛迪智库原材料工业研究所整理，2017 年 1 月。

铝：2016 年 1—11 月，我国铝产品进口量和出口量明显减少。出口氧化铝 10.3 万吨，同比减少 63.8%，明显低于上年同期 146.5% 的增长水平；出口原铝 1.7 万吨，同比减少 37.9%；出口铝合金 45.3 万吨，同比减少 6.7%；出口未锻造的铝及铝材 420.0 万吨，同比减少 3.1%，增速低于上年同期 17.4

个百分点。氧化铝、铝土矿、原铝、铝合金、未锻造的铝及铝材、废铝进口量均下降，分别进口 266、4711.5、12.9、5.1、53.4 和 174 万吨，较上年同期分别减少 35.3%、3.3%、12.9%、17.7%、16.8% 和 9.4%。

表 5-9 2016 年 1—11 月铝产品进出口情况

（单位：万吨，%）

品种	出口				进口			
	2015 年 1—11 月		2016 年 1—11 月		2015 年 1—11 月		2016 年 1—11 月	
	总量	增长率	总量	增长率	总量	增长率	总量	增长率
氧化铝	28.5	146.5	10.3	-63.8	411.0	-11.4	266.0	-35.3
铝土矿	—	—	—	—	4871.6	47.5	4711.5	-3.3
原铝	2.7	-71.9	1.7	-37.9	14.8	-44.1	12.9	-12.9
铝合金	48.5	-6.9	45.3	-6.7	6.2	-23.1	5.1	-17.7
未锻造的铝及铝材	433.5	14.3	420.0	-3.1	64.3	-19.6	53.4	-16.8
废铝	0.09	2.8	0.06	-36.1	192.0	-7.6	174.0	-9.4

资料来源：海关总署，赛迪智库原材料工业研究所整理，2017 年 1 月。

铅：2016 年 1—11 月，我国铅产品进口量和出口量减少。铅矿砂及精矿进口量达到 129.3 万吨，同比减少 24.4%，而上年同期进口量增长 4%；精炼铅进口量达到 400 吨，同比减少 47.9%。出口氧化铅 460 吨，同比减少 9.9%，而上年同期为增长 2.9%；出口精炼铅 1.5 万吨，同比减少 65.9%。

表 5-10 2016 年 1—11 月铅产品进出口总量及增长情况

（单位：万吨；%）

品种	出口				进口			
	2015 年 1—11 月		2016 年 1—11 月		2015 年 1—11 月		2016 年 1—11 月	
	总量	增长率	总量	增长率	总量	增长率	总量	增长率
铅矿砂及精矿	—	—	—	—	171	4	129.3	-24.4
氧化铅	0.05	2.9	0.046	-9.9	—	—	—	—
精炼铅	4.4	43.4	1.5	-65.9	0.07	238.2	0.04	-47.9

资料来源：海关总署，赛迪智库原材料工业研究所整理，2017 年 1 月。

锌：2016 年 1—11 月，我国锌产品进口量和出口量减少。出口精炼锌 1.9 万吨，同比减少 79.9%，明显低于上年同期水平；出口未锻造的锌（包括锌合金）2.0 万吨，远低于上年同期 9.6 万吨的水平。进口锌矿砂及精矿 179.9

万吨，较上年同期下降40.2%，而上年同期为增长60%；进口精炼锌40.1万吨，同比减少10.7%，上年同期为降低18.7%。

表5-11   2016年1—11月锌产品进出口情况

（单位：万吨，%）

品种	出口				进口			
	2015年		2016年		2015年		2016年	
	总量	增长率	总量	增长率	总量	增长率	总量	增长率
锌矿砂及精矿	—	—	—	—	300.6	60	179.9	-40.2
精炼锌	9.5	-17.9	1.9	-79.9	44.9	-18.7	40.1	-10.7
未锻造的锌（包括锌合金）	9.6	-18.1	2.0	-78.8	—	—	—	—

资料来源：海关总署，赛迪智库原材料工业研究所整理，2017年1月。

（三）分国别情况

精炼铜：按我国精炼铜出口量情况看，2016年1—11月，出口到韩国的精炼铜数量达到136601吨，占出口总量的52%，位居首位；出口中国台湾数量达到69792吨，占出口总量的27%，位居次位；马来西亚位居第三位，出口量达到35756吨，出口占比达到14%；越南位居第四位，出口量达到14901吨，出口占比为6%。从我国精炼铜进口量情况看，智利、日本、澳大利亚位居我国前三精炼铜进口国，进口量分别达到119.5万吨、25.7万吨、22.2万吨，占比分别达到49%、11%、9%。

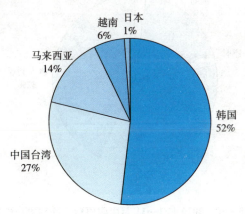

图5-8   2016年1—11月中国精炼铜分国别（地区）出口情况

资料来源：海关总署，2017年1月。

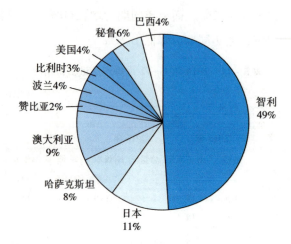

图5-9 2016年1—11月中国精炼铜分国别进口情况

资料来源：海关总署，2017年1月。

原铝：2016年1—11月，我国向韩国出口原铝9866吨，向中国台湾出口原铝6094吨。进口方面，澳大利亚是我国最大的原铝进口国，进口量为21996吨，占进口总量的32%；阿曼是我国第二大原铝进口国，进口量为12633吨，占比为18%；伊朗是我国第三大原铝进口国，进口量为12441吨，占比为17%；印度和俄罗斯分别进口11289吨和7629吨。

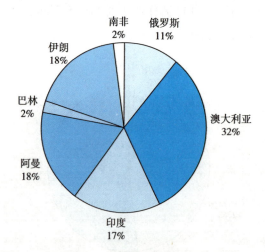

图5-10 2016年1—11月中国原铝分国别进口情况

资料来源：海关总署，2017年1月。

精炼铅：2016 年 1—11 月中国从日本进口精炼铅 102 吨，从韩国进口精炼铅 126 吨。

表 5 - 12　2016 年 1—11 月精炼铅进出口情况

（单位：吨）

出口量			进口量		
泰国	中国台湾	韩国	韩国	保加利亚	日本
79	3230	—	126	50	102

资料来源：海关总署，2017 年 1 月。

精炼锌：2016 年 1—11 月，中国大陆向中国台湾出口精炼锌 3889 吨。澳大利亚、哈萨克斯坦、韩国是我国前三大精炼锌进口国，进口量分别达到 14.9 万吨、8.9 万吨、5.4 万吨，占比分别达到 45%、27%、17%。

表 5 - 13　2016 年 1—11 月精炼锌进出口情况

（单位：万吨）

出口量			进口量						
韩国	中国台湾	新加坡	澳大利亚	纳米比亚	哈萨克斯坦	日本	印度	韩国	墨西哥	巴西
—	0.4	0.02	14.9	—	8.9	1.0	1.5	5.4	0.4	0.7

资料来源：海关总署，2017 年 1 月。

第二节　需要关注的几个问题

一、供应过剩局面将长期存在

近几年，我国有色金属需求持续增长，带动全球产能的不断扩张。2012 年以来，我国经济进入新常态，国内对有色金属的需求增速放缓，有色金属出现全球性产能过剩。近年来，印度等一些国家有色金属消费呈现明显增长态势，但难以消化大量过剩产能。受全球主要有色金属产能过剩的影响，我国化解有色行业产能过剩仍存在较大压力。

二、主要有色金属价格上涨动力不足

目前，全球市场主要有色金属价格接近于平均生产成本线，盈利空间受限，受成本支撑，主要有色金属价格不会出现大幅下跌。在全球性有色金属产能过剩、需求增长乏力、去库存进程缓慢的大背景下，大部分有色金属价格上涨的动力不足。

三、影响市场的不确定因素增加

受英国"脱欧"、特朗普当选美国总统、德国大选、韩国总统下台等重大政治事件影响，全球宏观经济走向不明朗，经济逆全球化趋势凸显，国际贸易保护主义加剧，主要发达国家和部分发展中国家频频对我国发起反倾销、反补贴调查，我国进出口外部环境日益严峻，将直接影响2017年主要有色金属的价格。

四、行业发展新动能尚未形成

当前，我国有色金属行业精深加工技术不断突破，高性能电子铜带及箔材、航空铝锂合金、高强高韧铝合金预拉伸板、大断面复杂截面铝合金型材等高端产品发展很快，锂等有色金属供不应求，但这些新亮点和新动能，与行业的整体规模相比，所占比重很小，对产业发展仍未形成强大的支撑作用，行业发展内生动力不足。

第六章 建材行业

2016年，我国建材行业实现持续较快增长。主要产品产量小幅反弹，行业投资增速放缓、主要产品价格小幅回升、行业经济效益有所改善、进出口贸易分化严重。未来行业发展仍需关注以下问题：化解过剩产能压力不减、企业竞争压力依然很大、新兴产业发展动力不足、公平竞争市场建设滞后、"走出去"任重道远。

第一节 基本判断

一、主要产品产量小幅反弹

2016年，建材行业产品产量出现回升，水泥、平板玻璃等建材行业重点产品产量均出现小幅反弹。

（一）水泥行业

2016年1—11月，全国累计水泥产量22.0亿吨，同比增长2.7%，水泥产量增速较上年的负增长实现小幅反弹，受我国实体经济发展略有回暖刺激，我国水泥行业需求开始有所回暖。

从具体省市来看，江苏省2016年水泥产量达到1.64亿吨，居全国首位，山东省、河南省产量分别为1.49亿吨和1.44亿吨，分别居全国第二和第三位。

图 6-1 2006—2016 年 1—11 月我国水泥产量及增速走势图

资料来源：Wind 资讯，2017 年 1 月。

表 6-1 2016 年 1—11 月全国前五省区水泥产量及增速

排名	省份	产量（亿吨）	增速（%）
1	江苏省	1.64	0
2	山东省	1.49	6.1
3	河南省	1.44	-3.0
4	广东省	1.35	1.5
5	四川省	1.32	4.0

资料来源：Wind 资讯，2016 年 12 月。

（二）平板玻璃行业

2016 年 1—11 月，我国平板玻璃产量为 7.1 亿重量箱，同比增长 4.9%，扭转了上年同期负增长的局面。主要原因是化解产能过剩和去库存压力的成效初显。

从具体省份来看，2016 年 1—12 月，河北省平板玻璃产量达到 10383.2 万重量箱，稳居全国首位，其次是广东省、湖北省、山东省、福建省和四川省，平板玻璃产量分别为 9246.1、8696.6、6793.7、5403.6、5363.3，仅这六大产区的平板玻璃产量就占到全国总产量的 60%以上。

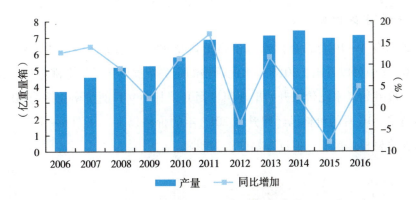

图 6 - 2　2006—2016 年 1—11 月平板玻璃产量及增速情况

资料来源：国家统计局，2016 年 12 月。

二、行业投资增速放缓

2016 年，建材行业全行业产能过剩矛盾依然突出，行业投资规模继续缩小，投资增速明显放缓。1—12 月，建材行业完成固定资产投资共计 18995.5 亿元，同比小幅增长 0.8%，而上年同期增幅为 5.2%。非金属矿采选业完成固定资产投资 2126.2 亿元，同比增长 1.6%，相比上年同期下降 0.5 个百分点；非金属矿物制品业完成固定资产投资 16869.3 亿元，同比增长 0.7%，相比上年同期下降 5.4 个百分点。

表 6 - 2　2016 年 1—12 月建材行业固定资产投资情况

项目	2016 年 1—12 月		2015 年 1—12 月	
	投资额（亿元）	同比	投资额（亿元）	同比
非金属矿采选业	2126.2	1.6	2092.1	2.1
非金属矿物制品业	16869.3	0.7	16747.6	6.1
合计	18995.5	0.8	18839.7	5.2

资料来源：国家统计局，2017 年 1 月。

三、主要产品价格小幅回升

2016 年，建材产品价格总体呈现小幅回升发展态势，尤其从第三季度以后，产品价格出现较为明显的回升。

（一）水泥行业

2016 年 1—10 月，全国水泥价格整体呈现上升趋势，但总体价格偏低。从图 6-3 中可以看出，2016 年水泥价格的走势情况整体呈现上涨趋势，尤其从三季度开始，水泥价格开始出现明显回升，其中 9 月的价格几乎与 2015 年价格持平，10 月的价格已经回升至 2015 年的价格以上。从图 6-3 中看，虽然水泥价格整体偏低，但反弹幅度较为明显。

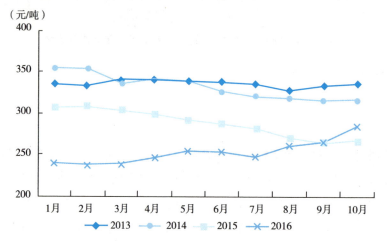

图 6-3　2013—2016 年重点企业月度水泥（P. O42.5）价格走势（单位：元/吨）

资料来源：赛迪智库整理，2016 年 12 月。

预计 2017 年水泥产品价格依旧会在低位震荡上升调整。一是市场需求依然不振，虽然有海绵城市、城镇化建设等需求拉动，但受政策、资金等因素影响，房地产、基建等项目落地缓慢，上涨空间有限；二是产能过剩矛盾依然突出，目前我国水泥行业化解产能过剩矛盾已经有了初步成效，但产能利用率仍远远低于国际通常水平，虽然国家不断加大对新增和在建产能的控制力度，但由于存量太大，短期内产能过剩矛盾仍难以得到有效缓解，产品价格难有大幅上升动力；三是出口不容乐观，非洲国家水泥产能的迅速扩张挤占了我国水泥出口的空间，水泥产品出口量一直低位徘徊，同时受制于税收、人才、资金等因素影响，水泥企业在国外建厂也遭遇重重障碍。

（二）平板玻璃行业

2016 年，我国平板玻璃价格相比其他建材产品波动幅度相对较大，通过观察厚度为 5mm 的浮法玻璃出厂价格（见图 6 - 4），2016 年平板玻璃的价格整体呈现上涨趋势，尤其前三个季度，单位价格出现大幅回升，但进入第四季度以来，价格又出现回落。主要原因在于"去产能、调结构"已经成为玻璃行业的共识，平板玻璃加快产品升级，深加工、高附加值产品比重不断提高，企业库存得到有效释放，市场压力得到缓解。

预计 2017 年平板玻璃价格依然呈小幅震荡调整趋势，一是 2017 年国内宏观经济继续企稳，需求不会出现明显增长；二是平板玻璃作为严重产能过剩行业，虽然加大了落后产能的淘汰力度，当仍有部分新建产能释放，产能过剩矛盾依然突出，平板玻璃价格的上涨空间较小。

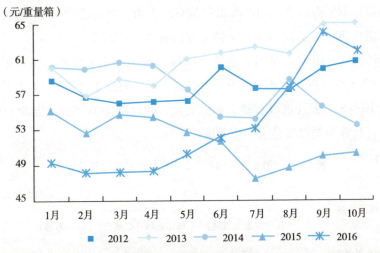

图 6 - 4　2012—2016 年重点企业月度平板玻璃（5mm）价格走势

资料来源：Wind 资讯，2016 年 12 月。

四、行业经济效益有所改善

2016 年，建材主要产品价格均出现回升苗头，因此规模以上建材行业利润总额转为正增长。从全年来看，我国建材行业主营业务收入达到 61862.7 亿元，实现同比增长 5.4%，行业实现利润总额达到 4051.0 亿元，实现同比增长 11.2%。总体看来，建材行业及其水泥、平板玻璃等子行业经济效益较上年同期有所改善，但低于 2014 年同期水平，因此建材行业整体经济效益水平仍处于效益下滑后的恢复性阶段。

预计 2017 年,我国建材工业整体经济效益仍将继续改善。一方面,受益于城镇化进程推进,产品需求会保持增长;另一方面,受益于供给侧改革和"去产能"行动,水泥、平板玻璃等产品市场供求关系会有所改善,产品价格存在上涨空间,生产企业盈利能力将增强。

五、进出口贸易分化严重

2016 年 1—11 月,全国累计出口水泥及水泥熟料 1679 万吨,累计同比增长 24%,出口额达到 6.4 亿美元,其中主要的出口国集中在孟加拉国、印度、澳大利亚等;平板玻璃累计出口 20686 万平方米,累计同比增长 6.3%,8、9 月份出口量创年内高点,四季度出口量有所下滑,出口总额达 14 亿美元,实现同比增长 30.9%。出口贸易整体呈现回暖的发展态势。

2016 年 1—10 月,全国水泥进口 1.74 万吨,同比下滑 80.1%,累计进口熟料 0.02 万吨,同比下滑 71.29%;玻璃纤维及制品累计进口 17.7 万吨,同比降低 19.4%,累计进口金额 7.4 亿美元,同比降低 10.7%。与出口贸易相比,建材行业的进口贸易进一步萎缩。

表 6－3　2016 年 1—11 月主要建材产品出口量及同比

商品名称	出口		较上年同期增幅（%）	
	出口数量（万吨）	出口金额（亿美元）	数量	金额
水泥及熟料	1679	6.4	24%	-6.2%
平板玻璃（万平方米）	206868	14.0	6.6%	30.9%
玻璃制品	335	66.9	7.9%	-9.3%
建筑用陶瓷	1736	64.1	-7.4%	-31.5%
花岗岩石材及制品	646	39.9	-1.3%	-6.5%

资料来源:赛迪智库原材料所整理,2016 年 12 月。

第二节　需要关注的几个问题

一、化解过剩产能压力不减

虽然 2016 年国家加大了对水泥、平板玻璃等产能过剩矛盾严重行业的整治，更是以国务院的名义发布了《关于促进建材工业稳增长调结构增效益的指导意见》，明确要严控这些行业的新增产能，加快退出落后的过剩产能，提高产能利用率，提高行业的整体盈利能力，虽然这些举措对化解水泥、平板玻璃行业过剩产能发挥了一定作用，但由于总体存量太大，以及在建产能的不断释放，2016 年建材行业产能过剩矛盾依然突出。

2016 年，全国设计水泥熟料产能 18.3 亿吨，累计产能比上年增长约 1%，水泥产能利用率较上年也有所下滑，预计全年水泥熟料的产能利用率在 65% 左右，部分地区可能更低。目前全国还有新点火水泥熟料产能约 2558 万吨，进一步增加了去产能的压力。

产能过剩矛盾突出对建材行业的发展将会带来很大的危害，一是导致企业成本提高、经营压力增大，可能造成行业大面积亏损；二是可能造成大量的资源浪费，生产项目建设投入的大量人力、物力、土地等资源造成浪费，以及项目后期的维护人员、资金的投入，此外过剩产能的生产设备限产、停产限制，造成设备使用率低；三是不利于就业和社会的稳定，"去产能"涉及正常运营产能的关闭，牵涉到职工安置、地方税收收缴、银行坏账处理、资产处置等一系列问题，工作难度较大。因此未来的工作方向必须以提高建材行业发展质量和效益为中心，坚持严控新增产能，扩大新型绿色建材应用，积极培育新兴产业，引导消费提档升级，推动建材行业平稳、健康、持续发展，产能利用率回归到合理水平。

二、企业竞争压力依然很大

一方面，随着人口红利逐渐消失、环保要求日益提高等问题逐渐突出，建材行业的人工、原料、环保等成本持续上升，再加上融资难、融资贵的问题依然难以解决，尤其水泥、平板玻璃等行业属于产能过剩矛盾突出行业，所以企业很难从银行获得信贷支持，只能通过非银行渠道获取资金支持，不仅增加了融资成本，也增大了融资风险。

另一方面，从 2016 年前三季度来看，水泥行业的亏损面已经有所下降，但同时 2016 年规模以上水泥企业较上年同期减少了约 180 多家，虽然亏损企业数量有所减少，但盈利企业也在减少，因此在建材行业供大于求局面短期内无法扭转的情况下，建材产品价格仍然存在一定的下行压力，其中平板玻璃行业价格表现尤为明显，在前三个季度产量、价格回升过猛的情况下，在庞大库存和过剩产能的压力下，四季度产品价格再次下跌，原材料企业收入有下滑风险，企业经营压力进一步增大。

三、新兴产业发展动力不足

随着我国步入经济发展新常态，经济增速由高速发展转入中高速发展，国内经济发展动能加速转换，建材行业也正处于结构调整、转型升级向纵深转折的关键时期，因此加快建材行业结构调整和转型升级，大力培育新兴产业，转换产业发展模式，是建材行业转型升级的必由之路。但从目前发展现状来看，建材行业新兴产业发展严重不足，传统产业占比依然很大，而低能耗、低污染、高附加值的新兴产业占比很小。

一方面，建材新兴产业中能够形成一定规模的产业还很少，目前只有风力发电叶片、基板玻璃等不多的几种产品，且基板玻璃的产品稳定性也远不及国际先进水平，风电发电叶片也只是形成了 100 亿元左右的规模，且出现了结构性产能过剩的问题。

另一方面，支撑无机非金属新材料、绿色建筑和功能性矿物材料等建材新兴产业发展的体系尚未真正建立。不论是在政策、支持资金还是研发投入等方面均非常有限，制约了企业发展建材新兴产业的积极性和主动性。同时由于高端技术人才的缺乏，在产品创新、应用推广等方面也存在着诸多的阻碍。

四、公平竞争市场建设滞后

建材行业市场化程度高，企业呈现"多、小、散"的特征，虽然目前国家针对产能过剩、效益下滑等出台了一系列工作部署，但由于市场竞争环境不够公平，导致许多工作无法达到预期效果。一方面，许多大型企业承担着更重的社会责任，在环保等方面都严格要求，因此环保成本和人员成本都普遍较高，但由于执法不严，造成许多小企业不严格执行环保规定依然可以正常生产，对企业造成不公；另一方面，在许可证发放、生产、销售、使用等方面，由于是多头监管，在事故的处理方面容易造成"多头管理即无人管理"的局面，造成市场竞争秩序处于事实上的监管空白，给行业的健康可持续发展造成很大危害。

其次，产品质量的监管及公平竞争环境也有待提高。以建筑陶瓷行业为例，2016年建筑陶瓷行业整体运行乏力，很多企业为保住市场维持生存，纷纷竞相降价，很多甚至采取低价倾销的方式，严重扰乱了市场秩序，由于建筑卫生陶瓷行业90%以上都是中小企业，有的甚至属于家庭作坊式生产，企业的自律性相对较差，在没有一个公平竞争环境的前提下，企业为了维护自身利益，以牺牲行业长运发展为代价换取暂时的利益，极大阻碍了建材行业的平稳、健康发展。

五、"走出去"任重道远

2016年，虽然建材行业总体发展情况较上年有所改善，但产能过剩矛盾突出、经济下行压力不减等问题依然严峻。借助"一带一路"和"互通互联"的国家战略，加强国际产能合作，积极"走出去"，实现建材行业从产品输出到资本输出的转变，无疑是建材行业化解困境、提质增效的新思路。

目前我国建材行业"走出去"总体来看仍处于初步探索阶段，不可避免具有规模小、问题多、风险大等特征，而建材行业的特点又决定了在对外投资过程中将面临的问题不同于其他行业。在"走出去"的过程中面临着文化社会发展障碍、企业自身发展障碍以及国际产能合作服务体系不健全等诸多问题。以金融支持服务为例，既有来自税收歧视、税收争议的风险，也有来自融资成本高的风险，比如华新水泥在海外投资建厂的过程中，在贷款利息享受免税待遇的问题上就曾遭到投资国的拒绝，虽然经地方国税局及大使馆的协商沟通维权成功，但也给企业造成了一定负面影响，尤其涉及税收金额较大时，维权及协商过程中企业资金的正常周转会受到较大影响。

总体看来，我国建材行业"走出去"尚处于初步探索阶段，虽然整体增速增长加快、合作模式逐渐创新、单打独斗的局面也开始转为集群式"走出去"，但仍存在许多亟待解决的问题，需要出台支持政策，为建材企业"走出去"保驾护航。

第七章 稀土行业

2016 年，我国稀土行业在资源保护、产业结构调整、应用产业发展、创新能力提升、管理体系建设等方面取得积极进展，行业发展质量迈上新台阶。稀土开采和生产总量保持稳定，产品价格整体呈下降趋势，进出口量呈"量增价跌"局面。未来行业发展仍需关注以下问题：资源和环境保护有待继续加强、稀土产业结构亟待进一步优化，稀土高值利用需加快速度。

第一节 基本判断

一、稀土开采和生产总量保持稳定

从供给方面看，2016 年，我国继续实施稀土矿开采总量控制管理和冶炼分离产品生产总量控制计划。全国稀土矿（稀土氧化物，REO）开采总量控制指标仍为 10.5 万吨。其中，离子型（以中重稀土为主）稀土矿指标 1.79 万吨，岩矿型（轻）稀土矿指标 8.71 万吨，仍与上年一致。而包钢（中国北方稀土）获得稀土矿指标超过总量一半，居全国首位。全国冶炼分离产品计划指标为 10 万吨（稀土氧化物，REO），其中 6 家稀土集团共获得 99550 吨，包括中国五矿集团公司（5208 吨）、中国铝业公司（16294 吨）、中国北方稀土（集团）高科技股份有限公司（50084 吨）、厦门钨业股份有限公司（2663 吨）、中国南方稀土集团有限公司（15197 吨）和广东稀土产业集团（10104 吨）。此外，湖南省拥有 450 吨的计划指标。无论是开采指标还是冶炼分离产品指标，中国北方稀土的占比均超过一半，进一步确立了在全国的龙头地位。

表7-1　2016年冶炼分离产品生产总量控制计划分配表（折REO，吨）

序号	企业名称	计划指标
	全国合计	100000
一	6家稀土集团	99550
（一）	中国五矿集团公司	5208
1	赣县红金稀土有限公司	1670
2	定南大华新材料资源有限公司	1257
3	五矿江华瑶族自治县兴华稀土新材料有限公司	581
4	广州建丰五矿稀土有限公司	1700
（二）	中国铝业公司	16294
1	中铝稀土（江苏）有限公司	5007
	中铝稀土（常州）有限公司	1266
	中铝稀土（宜兴）有限公司	635
	中铝稀土（常熟）有限公司	1236
	中铝稀土（阜宁）有限公司	735
	江阴加华新材料资源有限公司	1135
2	中铝广西有色稀土开发有限公司	2862
	中铝广西有色金源稀土股份有限公司	1600
	江苏省国盛稀土有限公司	930
	中铝广西国盛稀土开发有限公司	332
3	湖南稀土金属材料研究院	160
4	中铝四川稀土有限公司	5945
	乐山盛和稀土股份有限公司	4425
	西安西骏新材料有限公司	1520
5	中铝山东稀土有限公司	1720
	山东中凯稀土材料有限公司	100
	淄博加华新材料资源有限公司	1620
6	中国钢研集团稀土科技有限公司	600
（三）	中国北方稀土（集团）高科技股份有限公司	50084
1	包钢稀土冶炼厂	19044
2	包头华美稀土高科有限公司	6000
3	内蒙古包钢和发稀土有限公司	10000

续表

序号	企业名称	计划指标
4	包头科日稀土材料有限公司	800
5	淄博包钢灵芝稀土高科技股份有限公司	800
6	全南包钢晶环稀土有限责任公司	840
7	信丰县包钢新利稀土有限公司	800
8	包头市金蒙稀土有限公司	1200
9	包头市达茂稀土有限公司	1200
10	包头市飞达稀土有限公司	400
11	包头市新源稀土高新材料有限公司	200
12	内蒙古生一伦稀土材料有限责任公司	700
13	内蒙古航天金峡化工有限责任公司	500
14	五原县润泽稀土有限公司	750
15	包头市红天宇稀土磁材有限公司	950
16	甘肃稀土新材料股份有限公司	5900
（四）	厦门钨业股份有限公司	2663
	福建省长汀金龙稀土有限公司	2663
（五）	中国南方稀土集团有限公司	15197
1	赣州稀土龙南冶炼分离有限公司	1304
2	赣州稀土（龙南）有色金属有限公司	1305
3	金世纪新材料股份有限责任公司	3575
4	江西明达功能材料有限责任公司	1304
5	全南县新资源稀土有限责任公司	1085
6	龙南龙钇重稀土科技股份有限公司	104
7	四川江铜稀土	6520
	冕宁县方兴稀土有限公司	3578
	冕宁县飞天实业有限责任公司	920
	四川省乐山锐丰冶金有限公司	1622
	德昌县志能稀土有限责任公司	400
（六）	广东稀土产业集团	10104
1	广东富远稀土新材料股份有限公司	1200
2	清远市嘉禾稀有金属有限公司	1094
3	德庆兴邦稀土新材料有限公司	1800

续表

序号	企业名称	计划指标
4	龙南和利稀土冶炼有限公司	1600
5	包头市新源稀土高新材料有限公司	200
6	金坛市海林稀土有限公司	200
7	保定市满城华保稀土有限公司	400
8	中国有色矿业集团有限公司	3610
	广东珠江稀土有限公司	1987
	宜兴新威利成稀土有限公司	1623
二	省（区）	450
	湖南	450
1	益阳鸿源稀土有限责任公司	290
2	汨罗市恒锋新材料有限公司	160

从需求方面看，得益于新能源和节能环保领域的发展，稀土行业的消费市场重点来自两个方面：一是稀土在新能源汽车领域的应用。目前，国内外新能源汽车的电机系统主要使用永磁同步电机。据预测，2016 年 1—9 月，我国新能源汽产量为 30.2 万辆，销售量为 28.9 万辆，同比分别增长 93.0% 和 100.6%。新能源汽车产业的迅猛发展，将带动永磁同步电机应用量同步提升。二是稀土在风电领域的应用。随着国家积极推动能源消费、供给、技术、体制革命，到 2020 年，非化石能源在一次能源消费占比将达 15%，风电将实现快速增长，对具有维护成本低、运行效率高等优势的稀土永磁风电直驱电机需求量也将大幅提升，从而拉动稀土永磁材料需求。

二、稀土产品价格整体呈下降趋势

2016 年，稀土整体走势先涨后跌，年底又小幅拉升。上半年旺市一过，稀土价格跳水，接连下滑；下半年包钢挂牌价接连三月上调，加上利好政策支持（稀土打黑和环评严查控制产能、收储消息频传至 12 月落实），稀土价格稳步上涨。本年度稀土整体行情一般，加上稀土打黑和环评督查，不少厂商选择停产以待后市，企业开工率不断下降，年底因下游备货增加，产能释放率有所提高。2016 年，稀土整体价格不乐观，除镨、钕、铈等产品小幅上涨之外，其他稀土产品价格或弱势维稳或小幅下跌。

从代表性稀土产品看，大部分稀土产品呈现价格下降趋势，包括氧化铈、氧化钐、氧化铕、氧化钆、氧化镝、镝铁、氧化铒、氧化钇、氧化镨钕、镨钕金属；其中氧化镝和镝铁价格下滑趋势明显，前者从 1 月的 1338.89 元/公斤下降到 12 月的 1223.33 元/公斤，后者从 1 月的 1379.17 元/公斤下降到 12 月的 1245.24 元/公斤。价格上涨的稀土产品包括氧化镧、氧化镨、氧化钕、钆铁、氧化铽、氧化钬、钬铁；其中价格波动最大的为氧化铽，1 月价格为 2437.5 元/公斤，到 12 月上涨到 2801.19 元/公斤。价格保持稳定的稀土产品包括氧化镱和氧化镥，其中氧化镥价格最高，全年维持在 5325 元/公斤；氧化镱全年维持在 190 元/公斤。

表 7-2　2015 年我国具体稀土产品平均价格

（单位：元/公斤）

产品名	纯度	1 月	2 月	3 月	4 月	5 月	6 月
氧化镧	≥99%	11.50	11.50	11.50	11.50	11.50	11.50
氧化铈	≥99%	11.00	11.00	10.65	10.30	10.30	10.30
氧化镨	≥99%	309.42	309.00	308.82	305.00	316.83	320.00
氧化钕	≥99%	257.00	257.00	257.00	257.94	265.50	266.33
氧化钐	≥99.9%	15.00	15.00	15.00	15.00	15.00	15.00
氧化铕	≥99.99%	667.11	604.00	589.50	575.00	575.00	575.00
氧化钆	≥99%	72.58	72.00	72.00	72.00	75.44	74.78
钆铁	≥99% Gd75% ±2%	85.50	85.50	85.50	85.50	87.17	86.89
氧化铽	≥99.9%	2437.50	2422.50	2398.86	2365.25	2688.89	2800.00
氧化镝	≥99%	1338.89	1333.00	1280.77	1243.75	1304.17	1287.78
镝铁	≥99% Dy80%	1379.17	1340.00	1288.86	1241.88	1323.06	1307.22
氧化钬	≥99.5%	245.00	245.00	245.00	251.50	271.67	275.00
钬铁	≥99% Ho80%	255.00	255.00	255.00	259.63	293.33	296.67
氧化铒	≥99%	207.50	207.50	197.75	188.00	188.00	183.56
氧化镱	≥99.99%	190.00	190.00	190.00	190.00	190.00	190.00
氧化镥	≥99.9%	5325.00	5325.00	5325.00	5325.00	5325.00	5325.00
氧化钇	≥99.999%	29.28	27.50	27.45	2650.00	26.50	26.50
氧化镨钕	≥99% Nd2O375%	263.00	263.00	263.00	262.56	270.94	270.78
镨钕金属	≥99% Nd 75%	336.33	336.00	336.00	336.56	342.06	343.00

续表

产品名	纯度	7月	8月	9月	10月	11月	12月
氧化镧	≥99%	11.50	11.50	11.50	11.59	13.00	13.33
氧化铈	≥99%	10.30	10.30	10.30	10.30	10.30	10.30
氧化镨	≥99%	318.82	313.00	313.00	313.13	320.19	323.00
氧化钕	≥99%	260.06	258.00	258.00	258.00	258.00	261.57
氧化钐	≥99.9%	15.00	15.00	13.00	12.00	12.00	12.00
氧化铕	≥99.99%	575.00	575.00	575.00	575.00	575.00	575.00
氧化钆	≥99%	72.00	72.00	70.00	69.00	69.00	70.05
钆铁	≥99% Gd75%±2%	86.00	86.00	86.00	86.00	86.00	86.00
氧化铽	≥99.9%	2800.00	2850.00	2850.00	2771.88	2801.19	2801.19
氧化镝	≥99%	1214.12	1215.22	1230.00	1217.50	1223.33	1223.33
镝铁	≥99% Dy80%	1243.53	1240.00	1240.00	1233.75	1245.24	1245.24
氧化钬	≥99.5%	275.00	275.00	278.33	286.25	294.29	294.29
钬铁	≥99% Ho80%	290.00	290.00	297.67	298.00	315.00	315.00
氧化铒	≥99%	175.29	175.00	175.00	175.00	175.00	175.00
氧化镱	≥99.99%	190.00	190.00	190.00	190.00	190.00	190.00
氧化镥	≥99.9%	5325.00	5325.00	5325.00	5325.00	5325.00	5325.00
氧化钇	≥99.999%	26.50	26.50	26.50	26.50	26.50	26.50
氧化镨钕	≥99% Nd2O375%	260.06	255.91	248.50	245.63	247.29	247.29
镨钕金属	≥99% Nd 75%	336.88	324.00	320.67	316.25	319.48	319.48

资料来源：稀土行业协会，2017年1月。

表7-3 2014—2016年我国具体稀土产品平均价格比较

（单位：元/公斤）

产品名	2014	2015年	2016年
氧化镧	18.83	11.55	11.64
氧化铈	18.33	10.63	10.46
氧化镨	545.15	330.53	313.38
氧化钕	303.09	247.10	259.35
氧化钐	20.17	15.45	14.27
氧化铕	3453.72	1215.06	587.33
氧化钆	131.99	69.36	71.89
钆铁	147.45	84.26	86.01
氧化铽	3073.40	2865.92	2653.28

续表

产品名	2014	2015 年	2016 年
氧化镝	1617.31	1371.46	1262.59
镝铁	1523.97	1412.91	1280.25
氧化钬	345.01	220.79	267.46
钬铁	363.06	231.99	282.30
氧化铒	310.81	213.29	186.15
氧化镱	287.49	175.28	190.00
氧化镥	7681.27	5418.00	5325.00
氧化钇	48.18	29.75	26.93
氧化镨钕	312.94	247.88	259.15
镨钕金属	401.84	321.42	331.57

资料来源：根据稀土行业协会数据整理，2017 年 1 月。

此外，2016 年 12 月 26 日，新华社中国经济信息社和包头稀土产品交易所在包头正式发布中国稀土价格系列指数，这是国内第一个基于线上交易数据编制的稀土价格指数。系列指数包含稀土综合价格指数、稀土功能材料价格指数、稀土单品价格指数 3 个方面，共 17 个指数，即 1 个综合指数、4 个功能材料板块价格指数和 12 个单品价格指数。其中，功能材料价格指数重点选取稀土磁性材料、稀土储氢材料、稀土催化材料以及稀土发光材料等四大稀土功能材料重点应用消费领域，并综合考虑稀土元素市场消费和资源稀缺程度设计权重，更加全面客观地反映了稀土市场的价格走势。

三、稀土企业经济效益稳中有降

根据稀土上市公司已公布的 2016 年三季报，低迷的市场给稀土企业带来巨大的生存压力。大大稀土集团中的 4 家稀土上市公司稀土业务有 2 家盈利 2 家亏损。数据显示，报告期内，北方稀土实现营业收入 35.65 亿元，同比下降 20.64%，实现归属于上市公司股东的净利润 3434 万元，同比下降 88.61%；广晟有色实现营业收入 21.80 亿元，同比增长 2.11%，净利润为亏损 1.18 亿元，同比增亏 22.92%；厦门钨业实现合并营业收入为 56.43 亿元，同比下降 6.85%，净利润 1.53 亿元，同比增长 330.92%；五矿稀土实现营业

收入 9249 万元，同比下降 78.44%，净利润为亏损 4307 万元，同比减亏
40.37%。而其他稀土深加工应用企业则普遍盈利状况较好。其中宁波韵升和
横店东磁所获净利润最高。

表 7-4　稀土上市公司 2016 年前三季度业绩比较

上市公司	营业收入 （万元）	归属净利润 （万元）	营业收入 同比增长（%）	归属净利润 同比增长（%）
北方稀土	356505.89	3433.76	-20.64	-88.61
广晟有色	218023.13	-11822.89	2.11	-23.32
厦门钨业	564316.90	15306.59	-6.84	331.02
五矿稀土	9249.24	-4307.26	-78.44	40.37
中科三环	254938.16	23148.05	-1.43	25.23
宁波韵升	112816.62	77603.11	1.71	158.83
正海磁材	111638.41	11229.19	13.01	-20.71
银河磁体	30031.83	8374.2	6.63	28.71
鼎立股份	168147.29	19565.03	29.47	178.12
中钢天源	23931.72	820.15	5.97	-42.39
横店东磁	354701.43	30953.59	23.05	16.49
科恒股份	41678.95	584.07	50.13	130.93
鼎泰新材	44757.41	-14.38	1482.59	-29.21

资料来源：根据企业年报整理，2017 年 1 月。

四、稀土进出口呈"量增价跌"局面

从进出口数据来看，2016 年，我国稀土产品出口量为 4.72 万吨，出口额
34455.4 万美元，出口平均价格为 7295.7 美元/吨。2016 年 1—8 月，我国稀
土冶炼分离产品进口量 1.07 万吨，同比增长 46.7%。我国稀土出口量呈显著
增长态势，这主要是因为国际市场需求有所回暖，稀土出口渠道逐步规范。
而我国稀土进口量也较为活跃，这表明，一方面，随着国外新稀土开采项目
推进，稀土盐类、氧化物等初级产品竞争力开始逐步显现；另一方面，国外
加大稀土应用环节发展，这给我国稀土深加工产业也带来发展压力。

从进出口地区来看，2016 年 1—8 月，我国稀土金属和合金进口最多的国
家是法国，占比为 68.3%；而我国稀土金属及合金和稀土盐类出口最多的国

家是日本，占比分别为53.4%和31.2%；我国稀土氧化物出口最多的国家是美国，占比为39.3%。

表7-5　2016年我国主要稀土产品出口量、出口额及出口均价

	出口量（吨）	出口额（万美元）	出口均价（美元/吨）
1月	4013	2725.4	6791.4
2月	3240	2859.8	8826.5
3月	4343	3141.5	7233.5
4月	3696	2224.1	6017.6
5月	4073	3347.1	8217.8
6月	3849	2858.9	7427.6
7月	3945	3049.3	7729.5
8月	4170	2771.6	6646.5
9月	3674	2861.8	7789.3
10月	3432	2136.5	6225.2
11月	3987	3105.1	7788.1
12月	4805	3374.3	7022.5
合计	47227	34455.4	7295.7

资料来源：海关总署，Wind 数据库，2017年1月。

表7-6　2016年我国细分稀土产品出口量

（单位：公斤）

2016年	氧化镨	氧化钕	氧化铈	氧化镧	氧化铕	氧化镝	氧化钇	氧化铽
1月	2925	33995	228341	1274694	1150	2755	93815	2628
2月	15000	27075	256860	1218869	171	12260	100071	2050
3月	47186	51010	313290	1193603	450	11816	210685	3006
4月	24606	41255	423003	1135131	375	1551	199280	2652
5月	26710	62540	387250	970124	100	2390	129656	3595
6月	11750	41940	277666	1232441	850	4670	133191	3125
7月	15122	35081	343342	1014118	690	3520	111605	2105
8月	42750	32420	343002	1741129	660	7611	188081	2899
9月	8360	34891	334432	1606144	450	7483	138736	4975
10月	7900	23110	172527	881060	411	8362	205950	4575
11月	14750	57668	249611	815480	601	9980	294111	9640
合计	202309	383317	3079713	12267313	5307	62418	1511070	31610

资料来源：稀土行业协会，2017年1月。

第二节 需要关注的几个问题

一、资源和环境保护有待继续加强

稀土是我国独特的战略资源，但私挖盗采、买卖加工非法稀土矿产品、违规生产等问题时有发生，稀土大集团外稀土冶炼分离散、乱的状况依然存在。稀土综合回收领域产能增长过快，部分回收企业存在收购非法稀土矿产品的违规生产经营行为。稀土资源保护的法律体系不完善，对违法违规行为打击力度不足。因此，我国各地都继续严厉打击非法盗采稀土等违法违规行为。此外，我国稀土资源开采过程中普遍存在过度开采、盲目竞争、资源综合利用率低等问题，对矿山生态恢复重视不够，生产过程中存在污染。

二、稀土产业结构亟待进一步优化

我国稀土生产技术与规模世界领先，但稀土应用整体处于中低端水平，上游开采、分离环节产能过剩，镧、铈、钇等高丰度稀土元素大量积压，下游稀土加工产品主要集中在永磁、发光、储氢和抛光等材料的中低端领域，初级加工产品产能过剩。我国稀土下游缺乏龙头企业引领，市场受制于技术与政策瓶颈而拓展不够，品牌宣传打造不足。我国各类稀土材料产业基地大多产业结构相似，无序重复建设问题较为突出。部分地区稀土冶炼分离企业位于城区内，存在安全和环保隐患。为解决这一问题，我国积极推进稀土大集团的组建。目前，六大稀土集团重组工作已取得实质性进展，其中中铝公司、厦门钨业、中国北方稀土（集团）高科技股份有限公司、中国南方稀土集团和广东省稀土产业集团已组建成立。

三、稀土高值利用亟须加快速度

我国稀土功能材料和应用器件产业市场规模普遍较小，处在产业链环节低端、产品附加价值低，科技创新能力不强，稀土高端应用发展不足，稀土材料和器件性能、质量稳定性都难以满足战略性新兴产业、国防、军工等领域发展需要，部分材料和零部件还需要进口。稀土领域科技成果转化机制不健全，成果转化率低下，产学研用脱节的现象依然普遍存在。

区 域 篇

第八章 东部地区

2016 年，我国东部地区主要行业产品产量均小幅增加，价格大幅上涨。有色金属行业生产主要集中在山东，铜铝铅锌价格震荡上行；建材行业产品产量大幅增加，价格震荡上扬。

第一节 石化化工行业

一、主要产品产量小幅增加

2016 年，东部地区乙烯、苯和甲醇等产品产量分别为 1221.8 万吨，476.4（1—10 月）万吨和 988.4 万吨（1—11 月），同比分别增长 3.6%、增长 2.1% 和下降 1.0%。

表 8-1 2016 年东部地区主要化工产品生产及同比情况

（单位：万吨，%）

地区	乙烯（1—12 月）		苯（1—10 月）		甲醇（1—11 月）	
	产量	同比	产量	同比	产量	同比
北京	69.6	-11.5	12.4	-13.1	—	—
天津	114.4	-11.9	28.0	-14.8	30.1	35.7
河北	—	—	59.3	9.3	88.9	-2.1
辽宁	162.7	1.4	41.7	-5.7	2.0	-77.0
上海	209.3	-0.7	72.9	1.5	80.9	-2.7
江苏	163.0	6	53.1	5.7	56.1	-17.6
浙江	143.9	6.5	31.4	-3.4	12.1	-5.3
福建	—	—	44.0	-11.6	14.2	-41.3
山东	117.1	14.3	91.4	14.9	580.3	5.1
广东	241.8	12.4	30.1	13.2	—	—
海南	—	—	12.1	-8.6	123.8	-4.6
东部地区	1221.8	3.6	476.4	2.1	988.4	-1.0

资料来源：Wind 资讯，2017 年 2 月。

81

二、主要产品价格大幅上涨

以江苏为例，2016年，甲醇市场价格由年初的1752元/吨震荡上行至年底的3240元/吨。世界上生产甲醇主要以天然气为原料，而我国主要以煤为原料。因此，甲醇价格受上游煤炭价格影响较大。2016年，华东地区煤炭价格指数由年初的130左右上涨到年底的160左右。

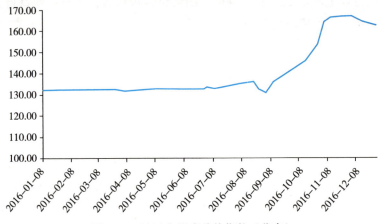

图8-1　2016年煤炭价格指数（华东）

资料来源：Wind资讯，2017年2月。

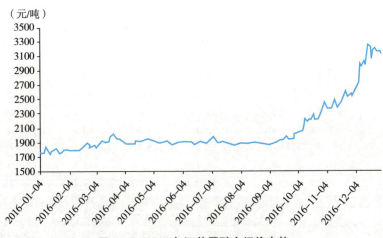

图8-2　2016年江苏甲醇市场价走势

资料来源：Wind资讯，2017年2月。

第二节　钢铁行业

一、主要产品产量小幅增加

东部地区是我国钢铁主产区，2016 年 1—11 月，生铁、粗钢和钢材产量分别为 41392.6 万吨、47822.6 万吨和 70414.9 万吨，同比增速分别为 1.6%、1.4% 和 3.1%。2016 年 1—11 月，东部地区生铁、粗钢和钢材产量占全国总产量的比重分别为 64.3%、64.7% 和 67.5%，产量在全国占比进一步增加。

表 8−2　2016 年 1—11 月东部地区钢铁生产情况

（单位：万吨，%）

地区	生铁		粗钢		钢材	
	产量	同比	产量	同比	产量	同比
河北	16995.3	5.7	17779.9	2.4	24194.3	4.7
江苏	6589.5	1.8	10140.6	1.8	12379.3	0.6
山东	6123.8	−1.8	6502.1	6.5	8911.4	8.5
辽宁	5526.1	−1.9	5447.1	−3.4	5402.8	−8.2
广东	1513.5	47.4	2135.9	35.6	3609.9	23.5
天津	1502.7	−17.7	1633.3	−14.2	7959.2	5.8
上海	1465.9	−5.0	1580.1	−3.2	1910.8	−5.1
福建	898.0	−1.2	1390.1	−4.7	2618.1	1.8
浙江	777.9	−22.2	1188.6	−19.6	3397.8	−8.5
海南	—	—	24.9	12.9	31.5	3.3
北京	—	—	—	—	147.2	−8.8
东部合计	41392.6	1.6	47822.6	1.4	70414.9	3.1

资料来源：Wind 资讯，2017 年 1 月。

二、主要产品价格大幅上涨

2016 年，东部地区螺纹钢价格总体震荡上行。以直径为 20mm 的 400MPa 螺纹钢价格为例，2016 年末，北京、广州、上海和唐山的价格分别为 2940 元/吨、3640 元/吨、3150 元/吨和 3010 元/吨，分别较上年末上涨了 1210 元/吨、1470 元/吨、1260 元/吨和 1210 元/吨。

表 8−3 2016 年东部重点城市 HRB400 20mm 螺纹钢价格

（单位：元/吨）

时间	北京	天津	广州	上海	唐山
2015 年 12 月末	1730	1770	2170	1890	1800
2016 年 1 月末	1810	1860	2120	1860	1950
2016 年 2 月末	1940	1980	2140	1920	1980
2016 年 3 月末	2320	2320	2350	2320	2350
2016 年 4 月末	3070	3060	3020	2830	3050
2016 年 5 月末	2100	2120	2300	2010	2170
2016 年 6 月末	2160	2200	2490	2180	2200
2016 年 7 月末	2370	2370	2680	2370	2400
2016 年 8 月末	2470	2470	2700	2450	2520
2016 年 9 月末	2400	2410	2720	2340	2440
2016 年 10 月末	2530	2520	2990	2550	2580
2016 年 11 月末	2890	2890	3610	3070	3030
2016 年 12 月末	2940	2940	3640	3150	3010

资料来源：Wind 资讯，2017 年 1 月。

2016 年东部地区热轧板卷价格呈"涨—跌—涨"走势。以 4.75mm 热轧板卷价格为例，2015 年底，北京、天津、广州、上海和邯郸的价格分别为 1870 元/吨、1870 元/吨、2140 元/吨、2040 元/吨和 1900 元/吨，到 2016 年 4 月末价格分别为 3100 元/吨、3110 元/吨、3050 元/吨、3100 元/吨和 3120 元/吨，较上年底分别上涨了 1230 元/吨、1240 元/吨、910 元/吨、1060 元/吨和 1220 元/吨。随后价格出现回调后震荡上行，到 2016 年末，北京、天津、广州、上海和邯郸 4.75mm 热轧板卷的价格分别为 3650 元/吨、3640 元/吨、3800 元/吨、3780 元/吨和 3710 元/吨。

表8-4　2016年东部重点城市4.75mm热轧板卷价格

（单位：元/吨）

时间	北京	天津	广州	上海	邯郸
2015年12月末	1870	1870	2140	2040	1900
2016年1月末	1920	1920	2060	2000	1930
2016年2月末	2040	2020	2100	2080	2080
2016年3月末	2400	2450	2480	2420	2520
2016年4月末	3100	3110	3050	3100	3120
2016年5月末	2430	2480	2670	2520	2550
2016年6月末	2500	2490	2550	2530	2520
2016年7月末	2640	2620	2720	2650	2630
2016年8月末	2860	2830	2910	2820	2910
2016年9月末	2800	2790	2800	2750	2790
2016年10月末	2950	2930	3040	3020	2920
2016年11月末	3440	3370	3550	3310	3530
2016年12月末	3650	3640	3800	3780	3710

资料来源：Wind资讯，2017年1月。

第三节　有色行业

一、有色金属生产集中在山东

2016年1—11月，东部地区十种有色金属产量共计为1029.9万吨，较2015年同期增长3.2%。其中，山东省十种有色金属产量为861.3万吨，同比增长2.4%，占东部地区十种有色金属总产量的83.6%。

表8-5　2016年1—11月东部地区十种有色金属生产情况

（单位：万吨，%）

地区	2016年1—11月		2015年1—11月	
	产量	同比	产量	同比
北京	—	—	—	—
天津	3.1	-16.6	3.7	-45.6
河北	10.9	-12.2	12.4	-22.0

续表

地区	2016 年 1—11 月		2015 年 1—11 月	
	产量	同比	产量	同比
辽宁	6.3	−30.0	9.1	63.8
上海	4.5	7.6	4.3	−51.5
江苏	30.3	−16.2	36.1	−18.4
浙江	38.4	7.6	36.4	14.8
福建	41.9	11.1	37.7	6.7
山东	861.3	2.4	841.5	145.2
广东	33.2	1.6	33.6	−5.9
海南	—	—	—	—
东部地区	1029.9	3.2	997.6	96.6

资料来源：Wind 资讯，2017 年 1 月。

二、铜铝铅锌价格震荡上行

以上海为例，2016 年 1—12 月，铜价格波动震荡、大幅上涨后有所回落，从年初的 36320 元/吨上涨至年底的 45040 元/吨，年内最高价为 47450 元/吨；铝价格先涨后跌，总体呈上涨态势，从年初的 10900 元/吨上涨至年底的 12890 元/吨年内最高价为 14990 元/吨；铅价格波动震荡，大幅上涨后有所回调，从年初的 13250 元/吨上涨至年底的 18750 元/吨，年内最高价为 21400 元/吨；锌价格快速上涨，从年初的 12975 元/吨上涨到年底的 21395 元/吨，年内最高价为 23005 元/吨。

图 8−3　2015—2016 年典型城市铜市场价格

资料来源：Wind 资讯，2017 年 1 月。

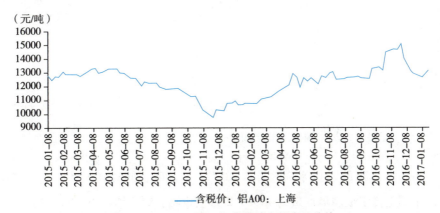

图 8－4　2015—2016 年典型城市铝市场价格

资料来源：Wind 资讯，2017 年 1 月。

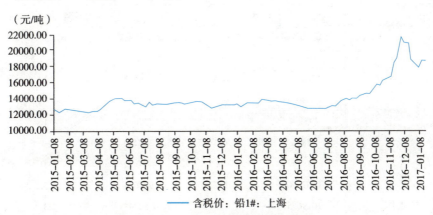

图 8－5　2015—2016 年典型城市铅市场价格

资料来源：Wind 资讯，2017 年 1 月。

图 8－6　2015—2016 年典型城市锌市场价格

资料来源：Wind 资讯，2017 年 1 月。

第四节 建材行业

一、主要产品产量大幅增加

2016 年，东部地区水泥产量为 85774.3 万吨，同比增长 11.3%。2016 年，东部地区平板玻璃产量为 44384.2 万重量箱，同比增长 16.3%。

表8-6 2016年东部地区建材生产情况

区域	水泥		平板玻璃	
	产量（万吨）	同比（%）	产量（万重量箱）	同比（%）
河北	9861.2	9	10383.3	-6.5
江苏	17989.8	0.3	2997.3	-12.5
山东	16080.4	6.7	6793.7	-7.5
辽宁	3931.4	-4.7	1376.4	16
天津	788.6	1.4	3094.2	-1.5
上海	418.4	-3.5	0	0
广东	15078.6	1.7	9246.1	13.5
浙江	10796.5	-4.1	5034	23.5
福建	8091.2	5	5403.6	4.7
海南	2227.9	0.1	0	0
北京	510.3	-7.8	55.6	-3.6
东部地区	85774.3	11.3	44384.2	16.3

资料来源：Wind 资讯，2017 年 1 月。

二、主要产品价格震荡上扬

2016 年，东部地区水泥价格整体呈现震荡上扬的发展态势，其中河北地区的价格涨幅最大，12 月水泥价格较 1 月水泥价格涨幅高达 50% 以上，其他包括北京、天津、江苏、广东、福建等地区的水泥价格涨幅也均在 20% 以上。从水泥价格来看，价格最高的省份为北京市，价格最低的为江苏省。

表 8 - 7　2016 年东部地区水泥价格

（单位：元/吨）

	北京	天津	河北	山东	江苏	广东	福建
1 月	305	256	219	222	200	265	247
2 月	301	253	219	221	195	267	246
3 月	301	253	219	219	195	265	242
4 月	281	242	214	219	222	262	235
5 月	291	241	229	224	241	266	239
6 月	305	252	239	225	236	283	243
7 月	305	252	249	231	224	287	238
8 月	320	253	260	230	218	283	234
9 月	335	272	263	241	245	285	243
10 月	375	271	262	242	255	297	255
11 月	380	361	283	310	267	317	281
12 月	380	362	330	319	277	346	314

资料来源：Wind 资料，2017 年 1 月。

第九章　中部地区

2016年，我国中部地区石化和建材行业产品产量大幅增加、产品价格大幅上涨；钢铁行业粗钢产量小幅回落、产品价格大幅上涨；有色金属行业产量同比下降、产品价格震荡上行。

第一节　石化化工行业

一、主要产品产量大幅增加

2016年，中部地区乙烯、苯和甲醇等产品产量均呈现增长态势，同比增速均在10%以上。

表9-1　2016年中部地区化工行业生产情况

（单位：万吨,%）

地区	乙烯（1—12月）		苯（1—10月）		甲醇（1—11月）	
	产量	同比	产量	同比	产量	同比
山西	—	—	15.9	-11.4	256.0	8.1
吉林	80.7	21.1	22.1	17.4	0.9	0.8
黑龙江	110.8	31.8	16.4	21.8	38.5	-9.3
安徽	—	—	8.9	18.2	65.7	0.1
江西	—	—	6.9	49.2	—	—
河南	—	—	33.3	-4.9	375.9	20.5
湖北	—	—	30.0	33.2	42.8	16.6
湖南	—	—	3.2	51.9	0.3	-92.9
中部地区	191.5	27.1	136.7	11.1	780.1	10.9

资料来源：Wind资讯，2017年2月。

二、主要产品价格大幅上涨

2016 年，华中地区煤炭价格指数由年初的 135 左右上涨到年底的 145 左右。以山西为例，2016 年，甲醇市场价格由年初的 1515 元/吨震荡上行至年底的 2690 元/吨。

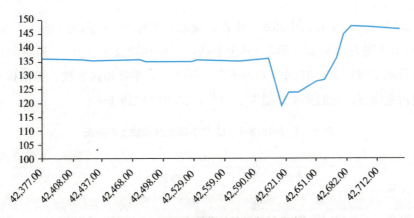

图 9 – 1 2016 年煤炭价格指数（华中）

资料来源：Wind 资讯，2017 年 2 月。

图 9 – 2 2016 年山西甲醇市场价走势

资料来源：Wind 资讯，2017 年 2 月。

第二节　钢铁行业

一、粗钢产量小幅回落

2016年1—11月，中部地区生铁、粗钢和钢材产量分别为14843.3万吨、16253.0万吨和19838.0万吨，其中生铁产量同比增长了0.3%，粗钢和钢材同比分别下降0.1%和0.9%。2016年1—11月，中部地区生铁、粗钢和钢材产量占全国总产量的比重分别为23.1%、22.0%和19.0%。

表9-2　2016年1—11月中部地区钢铁生产情况

（单位：万吨，%）

地区	生铁		粗钢		钢材	
	产量	同比	产量	同比	产量	同比
山西	3368.7	1.6	3629.8	2.2	3950.8	1.1
河南	2664.2	-0.1	2620.7	-1.9	4358.5	-1.3
湖北	2136.7	1.4	2715.5	1.5	3252.4	4.1
安徽	2045.3	6.5	2495.1	8.5	2929.3	-3.9
江西	1887.4	-0.5	2024.9	0.5	2344.4	1.2
湖南	1638.2	1.1	1666.3	-1.9	1814.4	2.1
吉林	777.1	-12.0	760.4	-21.2	886.1	-15.3
黑龙江	325.8	-15.5	340.3	-13.7	302.1	-20.4
中部合计	14843.3	0.3	16253.0	-0.1	19838.0	-0.9

资料来源：Wind资讯，2017年1月。

二、主要产品价格大幅上涨

2016年，中部地区螺纹钢价格总体震荡上行。以直径为20mm的400MPa螺纹钢价格为例，2016年末，武汉、合肥、长沙和郑州的价格分别为3090元/吨、3390元/吨、3590元/吨和3360元/吨，分别较上年末上涨了1200元/吨、1300元/吨、1520元/吨和1420元/吨。

表 9 – 3　2016 年中部重点城市 HRB400 20mm 螺纹钢价格

（单位：元/吨）

时间	武汉	合肥	长沙	郑州	太原
2015 年 12 月末	1890	2090	2070	1940	1970
2016 年 1 月末	1850	2020	2010	1930	1910
2016 年 2 月末	1910	2160	2150	2010	1970
2016 年 3 月末	2260	2740	2570	2520	2360
2016 年 4 月末	2830	3120	3100	3030	3250
2016 年 5 月末	2040	2270	2380	2370	2280
2016 年 6 月末	2170	2450	2530	2320	2300
2016 年 7 月末	2310	2600	2610	2440	2450
2016 年 8 月末	2420	2760	2800	2610	2600
2016 年 9 月末	2460	2710	2810	2590	2470
2016 年 10 月末	2670	2800	3080	2730	2690
2016 年 11 月末	3060	3390	3590	3340	3110
2016 年 12 月末	3090	3390	3590	3360	3260

资料来源：Wind 资讯，2017 年 1 月。

2016 年，中部地区热轧板卷价格呈"涨—跌—涨"走势。以 4.75mm 热轧板卷价格为例，2015 年底，武汉、合肥、长沙、郑州和太原的价格分别为 2050 元/吨、2010 元/吨、2030 元/吨、1960 元/吨和 1920 元/吨，到 2016 年 4 月末价格分别为 3080 元/吨、3200 元/吨、3190 元/吨、3180 元/吨和 3130 元/吨，较上年底分别上涨了 1030 元/吨、1190 元/吨、1160 元/吨、1220 元/吨和 1210 元/吨。随后价格经历了近两个月的回调后继续上涨，到 2016 年末，武汉、合肥、长沙、郑州和太原 4.75mm 热轧板卷的价格分别为 3730 元/吨、3870 元/吨、3820 元/吨、3720 元/吨和 3750 元/吨。

表 9 – 4　2016 年中部重点城市 4.75mm 热轧板卷价格

（单位：元/吨）

时间	武汉	合肥	长沙	郑州	太原
2015 年 12 月末	2050	2010	2030	1960	1920
2016 年 1 月末	2000	2080	2040	2000	1950
2016 年 2 月末	2110	2190	2180	2090	2120
2016 年 3 月末	2530	2580	2680	2560	2530
2016 年 4 月末	3080	3200	3190	3180	3130

续表

时间	武汉	合肥	长沙	郑州	太原
2016 年 5 月末	2580	2680	2570	2550	2480
2016 年 6 月末	2490	2710	2510	2560	2500
2016 年 7 月末	2630	2760	2680	2660	2570
2016 年 8 月末	2820	2890	2880	2910	2850
2016 年 9 月末	2750	2800	2790	2860	2820
2016 年 10 月末	3020	3040	3170	3010	3030
2016 年 11 月末	3600	3750	3710	3670	3780
2016 年 12 月末	3730	3870	3820	3720	3750

资料来源：Wind 资讯，2017 年 1 月。

第三节　有色行业

一、十种有色金属产量同比下降

2016 年 1—11 月，中部地区十种有色金属产量共计 999.7 万吨，同比下降 7.3%。其中，河南有色金属产量为 496.6 万吨，居中部最多，占中部地区总产量的 49.7%。

表 9－5　2016 年 1—11 月中部地区十种有色金属生产情况

（单位：万吨，%）

地区	产量	同比
山西	108.3	20.3
吉林	0.1	10.8
黑龙江	0.04	−53.8
安徽	169.7	17.2
江西	145.9	−4.8
河南	496.6	1.4
湖北	79.1	−10.4
湖南	205.2	−16.6
中部地区	999.7	−7.3

资料来源：Wind 资讯，2017 年 1 月。

二、铜铝铅锌价格震荡上行

以郑州为例，2016 年 1—12 月，铜价格波动震荡、大幅上涨后有所回落，从年初的 36510 元/吨上涨至年底的 45080 元/吨，年内最高价为 48140 元/吨；铝价格先涨后跌、总体上涨，从年初的 10920 元/吨上涨至年底的 12970 元/吨，年内最高价为 15010 元/吨；铅价格波动震荡、大幅上涨后有所回调，从年初的 13350 元/吨上涨至年底的 19000 元/吨，年内最高价为 21900 元/吨；锌价格快速上涨，从年初的 13000 元/吨上涨到年底的 21430 元/吨，年内最高价为 23380 元/吨。

图 9 – 3　2015—2016 年典型城市铜市场价格

资料来源：Wind 资讯，2017 年 1 月。

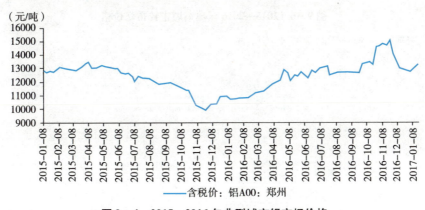

图 9 – 4　2015—2016 年典型城市铝市场价格

资料来源：Wind 资讯，2017 年 1 月。

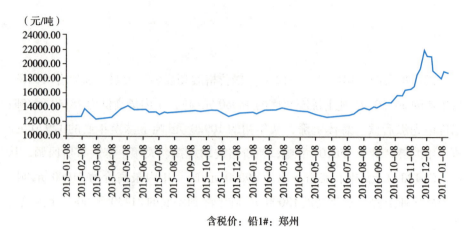

含税价：铅1#：郑州

图9－5　2015—2016年典型城市铅市场价格

资料来源：Wind资讯，2017年1月。

含税价：锌1#：郑州

图9－6　2015—2016年典型城市锌市场价格

资料来源：Wind资讯，2017年1月。

第四节　建材行业

一、主要产品产量大幅增加

2016年，中部地区水泥产量为72583.7万吨，同比增长10.6%。2016年，中部地区平板玻璃产量为19180.4万重量箱，同比增长了32.8%。

表9-6 2016年中部地区建材生产情况

区域	水泥		平板玻璃	
	产量（万吨）	同比（％）	产量（万重量箱）	同比（％）
山西	3595.4	3.4	1648.1	17.7
湖北	11586.7	2.7	8696.6	-2.3
河南	15604.2	-4.5	1120.5	-5
安徽	13390.8	2	3264.2	23.8
江西	9513	0.3	448.3	0.4
湖南	12177.7	3.8	2739.1	25.3
吉林	3410.4	-5.5	863	135.7
黑龙江	3305.5	8.7	400.6	3.8
中部地区	72583.7	10.6	19180.4	32.8

资料来源：Wind资讯，2017年1月。

二、主要产品价格大幅上涨

2016年，中部地区水泥价格同样呈现上涨的发展态势，其中河南省水泥价格涨幅最高，12月水泥价格较1月水泥价格涨幅为61.3％，创全国之最；涨幅最低的省份为吉林省，涨幅仅为3.8％。从水泥价格来看，价格最高的省份为黑龙江省，价格最低的省份为山西省。总体看来，中部地区水泥价格上涨幅度略低于东部地区。

表9-7 2016年中部地区水泥价格

（单位：元/吨）

	山西	湖北	河南	安徽	江西	湖南	吉林	黑龙江
1月	197	281	222	207	258	255	312	344
2月	195	281	221	203	236	252	308	332
3月	193	281	221	198	225	251	311	329
4月	193	281	225	226	230	247	301	329
5月	186	278	231	237	255	250	308	333
6月	196	277	237	229	255	250	314	347
7月	199	267	228	212	255	244	315	352
8月	199	267	235	207	254	237	329	353
9月	204	268	264	243	282	254	328	354
10月	210	279	297	252	289	271	328	354
11月	239	311	372	258	319	295	324	363
12月	258	310	358	266	321	304	324	363

资料来源：Wind资讯，2017年1月。

第十章　西部地区

2016年，我国西部地区石化化工行业主要产品产量有升有降、产品价格大幅上涨；钢铁行业产品产量同比下降、产品价格震荡上行；有色金属行业产量小幅上涨、铜铝铅锌价格波动上涨；建材行业主要产品产量大幅增加，价格也大幅上涨。

第一节　石化化工行业

一、主要产品产量有升有降

2016年，西部地区乙烯、苯和甲醇等产品产量分别为182.5万吨、44万吨（1—10月）和2153.1万吨（1—11月），同比分别增长5.3%、下降14.7%和增长12.0%。

表 10-1　2016年西部地区化工行业生产情况

(单位：万吨,%)

地区	乙烯（1—12月）		苯（1—10月）		甲醇（1—11月）	
	产量	同比	产量	同比	产量	同比
内蒙古	—	—	5.0	21.6	669.0	6.7
广西	—	—	—	—	14.5	-3.5
重庆	—	—	6.6	2.3	210.6	15.2
四川	—	—	3.9	-14.6	13.1	-55.0
贵州	—	—	3.3	—	48.5	19.3
云南	—	—	1.7	-53.7	32.7	-25.9

续表

地区	乙烯（1—12月）		苯（1—10月）		甲醇（1—11月）	
	产量	同比	产量	同比	产量	同比
西藏	—	—	—	—	—	—
陕西	—	—	—	—	446.3	11.7
甘肃	51.7	−19.4	10.7	−31.3	37.8	−3.3
青海	—	—	—	—	69.1	215.6
宁夏	—	—	—	—	481.9	4.5
新疆	130.8	19.9	12.8	−25.3	129.6	32.3
西部地区	182.5	5.3	44	−14.7	2153.1	12.0

资料来源：Wind 资讯，2017 年 2 月。

二、主要产品价格大幅上涨

2016 年，西北地区煤炭价格指数由年初的 170 左右震荡下行，年底反弹至 170 左右。以内蒙古为例，2016 年，甲醇市场价格由年初的 1335 元/吨震荡上行至年底的 2590 元/吨。

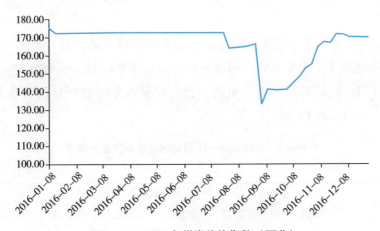

图 10−1　2016 年煤炭价格指数（西北）

资料来源：Wind 资讯，2017 年 2 月。

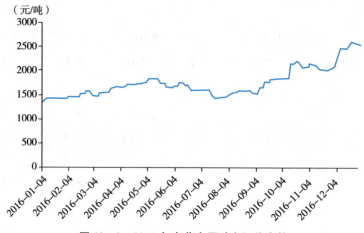

图 10 – 2　2016 年内蒙古甲醇市场价走势

资料来源：Wind 资讯，2017 年 2 月。

第二节　钢铁行业

一、主要产品产量同比下降

2016 年 1—11 月，西部地区生铁、粗钢和钢材产量分别为 8090.2 万吨、9818.2 万吨和 13942.5 万吨，同比分别下降了 2.8%、5.9% 和 2.8%。2016 年 1—11 月，西部地区生铁、粗钢和钢材产量占全国总产量的比重分别为 12.6%、13.3% 和 13.4%。

表 10 – 2　2016 年 1—11 月西部地区钢铁生产情况

（单位：万吨,%）

地区	生铁		粗钢		钢材	
	产量	同比	产量	同比	产量	同比
四川	1585.2	- 0.3	1672.7	- 4.9	2604.9	6.5
内蒙古	1352.0	1.3	1651.7	3.7	1849.2	6.3
云南	1176.1	2.9	1304.0	0.2	1520.5	- 1.9
广西	1101.0	- 1.0	1915.5	- 1.8	3308.1	3.8
新疆	794.8	8.3	811.7	13.5	1020.9	- 0.1

续表

地区	生铁		粗钢		钢材	
	产量	同比	产量	同比	产量	同比
陕西	781.7	0.3	842.2	-12.3	1129.5	-28.1
甘肃	459.7	-28.9	592.6	-25.6	634.2	-20.9
贵州	338.0	-9.1	467.0	10.6	474.8	13.4
重庆	266.9	-24.1	307.5	-52.7	1132.6	-13.9
宁夏	146.4	-10.2	151.7	-10.4	156.2	-17.4
青海	88.3	-13.1	101.5	-9.4	111.7	6.4
西部合计	8090.2	-2.8	9818.2	-5.9	13942.5	-2.8

资料来源：Wind 资讯，2017 年 1 月。

二、主要产品价格震荡上行

2016 年，西部地区螺纹钢价格总体呈现"涨—跌—涨"态势。以直径为 20mm 的 400MPa 螺纹钢价格为例，2015 年末重庆、贵阳、昆明和西安的价格分别为 2130 元/吨、2170 元/吨、2550 元/吨和 1910 元/吨，在 2016 年 4 月末价格分别涨至 2870 元/吨、3080 元/吨、3340 元/吨和 2880 元/吨，此后价格出现短期回调后继续上涨。到 2016 年末，重庆、贵阳、昆明和西安直径为 20mm 的 400MPa 螺纹钢价格分别为 3190 元/吨、3420 元/吨、3950 元/吨和 3280 元/吨。

表 10-3　2016 年西部重点城市 HRB400 20mm 螺纹钢价格

(单位：元/吨)

时间	重庆	成都	贵阳	昆明	西安	兰州	乌鲁木齐
2015 年 12 月末	2130	2090	2170	2550	1910	1980	2230
2016 年 1 月末	2090	2100	2100	2600	1930	2070	2100
2016 年 2 月末	2140	2180	2180	2630	2010	2170	2160
2016 年 3 月末	2370	2360	2510	2850	2390	2510	2440
2016 年 4 月末	2870	2900	3080	3340	2880	3250	3030
2016 年 5 月末	2270	2350	2300	2810	2220	2550	2550
2016 年 6 月末	2270	2350	2460	2690	2240	2550	2250
2016 年 7 月末	2400	2450	2590	2840	2460	2780	2390
2016 年 8 月末	2540	2540	2680	2960	2520	2810	2640

续表

时间	重庆	成都	贵阳	昆明	西安	兰州	乌鲁木齐
2016 年 9 月末	2540	2510	2580	2960	2430	2640	2670
2016 年 10 月末	2950	3020	2960	3410	2730	2900	2640
2016 年 11 月末	3350	3460	3590	3870	3100	3350	2990
2016 年 12 月末	3190	3250	3420	3950	3280	3630	3410

资料来源：Wind 资讯，2017 年 1 月。

2016 年，西部地区热轧板卷价格呈"涨—跌—涨"走势。以 4.75mm 热轧板卷价格为例，2015 年底，重庆、成都、昆明、西安和兰州的价格分别为 2130 元/吨、2150 元/吨、2200 元/吨、1900 元/吨和 1860 元/吨，到 2016 年 4 月末价格分别为 3320 元/吨、3360 元/吨、3200 元/吨、3280 元/吨和 3350 元/吨，较上年底分别上涨了 1190 元/吨、1210 元/吨、1000 元/吨、1380 元/吨和 1490 元/吨。随后价格经历回调后继续上涨，到 2016 年末重庆、成都、昆明、西安和兰州 4.75mm 热轧板卷的价格分别为 3980 元/吨、3960 元/吨、4150 元/吨、3620 元/吨和 3850 元/吨。

表 10 – 4　2016 年西部重点城市 4.75mm 热轧板卷价格

（单位：元/吨）

时间	重庆	成都	昆明	西安	兰州	乌鲁木齐
2015 年 12 月末	2130	2150	2200	1900	1860	2000
2016 年 1 月末	2130	2220	2260	2030	1940	2190
2016 年 2 月末	2340	2380	2380	2210	2240	2350
2016 年 3 月末	2710	2740	2800	2670	2710	2730
2016 年 4 月末	3320	3360	3200	3280	3350	3230
2016 年 5 月末	2630	2680	2730	2560	2750	2670
2016 年 6 月末	2630	2660	2650	2590	2620	2600
2016 年 7 月末	2730	2780	2770	2640	2720	2680
2016 年 8 月末	2910	2980	3200	2860	2950	2970
2016 年 9 月末	2870	2890	3060	2840	2930	2990
2016 年 10 月末	3210	3200	3310	3000	3120	3110
2016 年 11 月末	3780	3880	3950	3550	3500	3420
2016 年 12 月末	3980	3960	4150	3620	3850	3900

资料来源：Wind 资讯，2017 年 1 月。

第三节 有色行业

一、有色金属产量小幅上涨

2016 年 1—11 月，西部地区十种有色金属产量共计 2464.8 万吨，较 2015 年同期增长 1.4%。其中，新疆十种有色金属产量最多，为 600.8 万吨，同比增长 3.9%，占西部地区十种有色金属总产量的 24%。

表 10 – 5 2016 年 1—11 月西部地区十种有色金属生产情况

（单位：万吨,%）

地区	产量	同比
内蒙古	304.4	−1.4
广西	159.7	11.5
重庆	55.8	−9.6
四川	49.8	−1.2
贵州	88.5	4.8
云南	325.9	8.9
西藏	——	——
陕西	210.8	14.7
甘肃	343.9	−4.4
青海	213.7	0.1
宁夏	111.2	−11.5
新疆	600.8	3.9
西部地区	2464.8	1.4

资料来源：Wind 资讯，2017 年 1 月。

二、铜铝铅锌价格波动上涨

以西安为例，2016 年 1—12 月，铜价格波动震荡，大幅上涨后有所回落，从年初的 36320 元/吨上涨至年底的 45050 元/吨，年内最高价为 47440 元/吨；

铝价格先涨后跌，总体上涨，从年初的 10920 元/吨上涨至年底的 12860 元/吨，年内最高价为 14960 元/吨；铅价格波动震荡，大幅上涨后有所回调，从年初的 13150 元/吨上涨至年底的 18600 元/吨，年内最高价为 21300 元/吨；锌价格快速上涨，从年初的 12910 元/吨上涨到年底的 21350 元/吨，年内最高价为 23060 元/吨。

图 10 – 3　2015—2016 年典型城市铜市场价格

资料来源：Wind 资讯，2017 年 1 月。

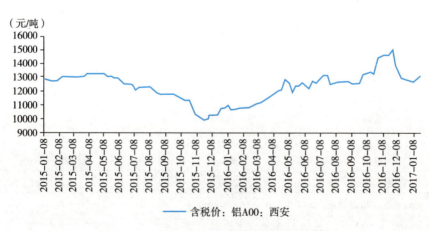

图 10 – 4　2015—2016 年典型城市铝市场价格

资料来源：Wind 资讯，2017 年 1 月。

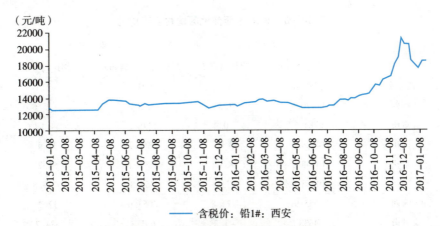

图 10 - 5 2015—2016 年典型城市铅市场价格

资料来源：Wind 资讯，2017 年 1 月。

图 10 - 6 2015—2016 年典型城市锌市场价格

资料来源：Wind 资讯，2017 年 1 月。

第四节 建材行业

一、主要产品产量大幅增加

2016 年，西部地区水泥产量为 81937.4 万吨，同比增长 13.8%。2016 年，西部地区平板玻璃产量 13637.8 万重量箱，同比增长 27.4%。

表10-6 2016年西部地区建材生产情况

区域	水泥		平板玻璃	
	产量（万吨）	同比（%）	产量（万重量箱）	同比（%）
内蒙古	6296.8	8.8	1001.2	-1.1
广西	11970.6	7.3	520	-15.6
重庆	6781.6	-0.4	1448.2	4.1
四川	14584.2	3.9	5363.2	31.9
贵州	10748.8	8.1	1377.7	57.7
云南	10963.5	17.8	364.8	-39.8
陕西	7555.9	-11.8	2053.6	12.7
甘肃	4633	-1.2	605.3	384.7
青海	1874.6	7.6	411.9	5.1
宁夏	1945.9	12.6	0	0
西藏	617.7	34.7	0	0
新疆	3964.9	-5.7	491.9	-36.5
西部地区	81937.4	13.8	13637.8	27.4

资料来源：Wind 资讯，2017 年 1 月。

二、主要产品价格大幅上涨

2016 年，西部地区的水泥价格也呈现上涨的发展态势，但总体上涨幅度低于东部地区。西部地区水泥价格涨幅最大的省份为陕西省，12 月水泥价格较 1 月水泥价格涨幅为 40.5%，价格涨幅最低的省份为内蒙古自治区，涨幅为 7.9%。从水泥价格来看，价格最高的省份是新疆维吾尔自治区，价格最低的是陕西省。

表10-7 2016年中部地区水泥价格

（单位：元/吨）

	内蒙古	广西	重庆	四川	云南	陕西	甘肃	新疆
1 月	214	246	239	256	262	209	233	279
2 月	212	241	225	251	262	205	233	279
3 月	212	240	232	251	262	205	233	279
4 月	208	246	232	251	254	208	235	307
5 月	214	257	247	252	268	207	249	311

续表

	内蒙古	广西	重庆	四川	云南	陕西	甘肃	新疆
6 月	215	258	231	252	266	230	248	313
7 月	229	255	236	250	259	231	246	330
8 月	229	255	223	248	259	257	248	330
9 月	229	255	236	247	261	273	256	326
10 月	229	269	237	260	277	272	266	326
11 月	229	282	275	288	313	293	285	326
12 月	231	299	290	316	329	293	295	326

资料来源：Wind 资讯，2017 年 1 月。

园 区 篇

第十一章　石化化工行业重点园区

2016 年，我国石化化工行业园区建设亮点突出。聊城新材料产业园承担了一批产业转移项目，以鲁西集团建设为主的化工新材料产业园力争打造千亿产业园区，成为重要的高新技术产业聚集区、科技创业示范区、高端人才集聚区、科学发展的先行区和对外开放主窗口；嘉兴港区是全国唯一的国家级化工新材料园区，其化工新材料产业已成为第一大支柱产业，形成聚碳酸酯、PTA、环氧乙烷、有机硅、甲醇制烯烃等多条具有行业竞争力的产业链，产业发展势头良好。

第一节　聊城新材料产业园

一、园区概况

聊城市是国务院规划的"中原经济区、山东省会城市群经济圈、山东省鲁西经济隆起带"三大战略的叠加区域。聊城新材料产业园位于聊城市"金三角"的核心区域，与老城区一路之隔，辖区面积 206 平方公里，是山东省面积最大的高新区，辖 4 个乡镇街道，常住人口 15 万人。聊城新材料产业园秉承科学发展、绿色发展的原则，确定了全市高新技术产业聚集区、科技创业示范区、高端人才集聚区、科学发展的先行区和对外开放主窗口的发展定位，按照既要稳扎稳打，又要只争朝夕的要求，致力打造冀鲁豫三省交界处独具特色的"科技新城创业新城产业新城"。聊城新材料产业园以打造创新型高新区为目标，强化自主创新基础设施，区内拥有国家级企业技术中心、国家级高新技术创业服务中心、省级以上工程技术研究中心、省级"一企一技术"研发中心和创新企业、省级以上企业技术中心、博士后科研工作站等公共服务平台。

聊城新材料产业园坐享聊城交通优势，已经建成的京九铁路和胶济邯铁路、德商高速和济聊馆高速形成两个"黄金大十字"；贯穿高新区的济聊一级路将聊城到省会济南的距离缩短为 73 公里；济聊城际铁路及聊泰城际铁路在高新区设立聊城站。

自 2013 年 7 月到 2014 年 10 月，高新区成立 16 个月以来，已建设 86 个项目，平均 6 天一个项目在这里入驻。2014 年以来，高新区财政收入增幅始终保持在 40% 以上，税收增幅保持在 42% 以上，税收占比在 85% 以上。

二、园区产业布局

聊城新材料产业园的突破口为战略性新兴产业，集聚发展高端制造、化工新材料、生物医药、节能环保等高新产业，着力打造先进、绿色、现代的五大园区，即以聊城高新生物技术研发中心、博奥克生物科技、华胶饮品为主的生物园区，以环保产业园、天翔数据采集器及模拟人、诺伯特机器人、宏运达电梯等为主的高端制造业园区，以上市公司鲁西集团为主建设的化工新材料千亿产业园，以及位于高新区核心位置的九州洼水文化公园和古漯园区，以聊城大学为依托建设鲁西大学科技城园区。

三、园区项目及发展亮点

2016 年，聊城新材料产业园在建已建的项目如下：与市科技局和浙江大学工业转化研究院签订的浙大（聊城）技术转移中心项目，与苏州新锐合金工具股份有限公司签订的投资 4 亿元的工程工具生产基地建设项目，与杭州帷幄科技有限公司就微纳米气泡系列产品研发生产项目，健康中国战略高峰论坛暨康莱德健康产业启动。2016 年，聊城新材料产业园洽谈拟建的项目如下：与北京林业大学—北林科技股份有限公司合作的古漯河湿地项目，与鲁虹农业科技股份有限公司合作的远程数控农业机器人项目。

第二节　嘉兴港区

一、园区概况

嘉兴港区地处上海南翼、杭州湾北岸，是嘉兴市市属两大开发区之一，总人口约 10 万人，管理范围为乍浦镇域 54 平方公里，辖区内有国家级嘉兴综合保税区、国家一类开放口岸嘉兴（乍浦）港、国家级化工新材料园区、省级乍浦经济开发区、千年古镇乍浦镇。国家级化工新材料园区先后荣获国家新型工业化产业示范基地、"十一五"期间"全国循环经济工作先进单位"，以及浙江省两化深度融合试验区、循环经济示范区、清洁生产示范区、外商投资新兴产业示范基地等多项荣誉，并于 2014 年成功跻身全国化工园区十强行列，目前正在争创国家生态工业示范园区、全国智慧园区试点和全国安全生产示范区。园区现有中科院院士费维扬、北京清华工业开发研究院院长戴猷元 2 位特聘高级顾问，1 家企业院士专家工作站，12 家国家级高新技术企业，7 家省级企业技术研发中心，截至 2015 年，累计引育"国千"人才 4 人、"省千"人才 2 人、落户"领军人才"项目 9 个，人才项目产品填补国内空白 8 项、省内空白 12 项。

嘉兴港区区位交通条件便利，杭浦高速、乍嘉苏高速、杭州湾跨海大桥北接线和 07 省道新线、01 省道贯穿境内，申嘉湖铁路、沪甬跨海铁路正在规划，上海浦东、上海虹桥、杭州萧山、宁波栎社四大国际机场立体环绕，距上海洋山国际深水港 53 海里，距宁波北仑港 74 海里，与周边城市实现了"一小时交通圈"，是长三角沪、杭、甬、苏地区的重要交通枢纽。

二、园区产业布局

中国化工新材料（嘉兴）园区于 2008 年 7 月被中国石油和化学工业联合会命名授牌，是国内唯一的国家级化工新材料园区。多年招商引资和项目推进的积累，嘉兴港区的化工新材料产业已成为第一大支柱产业，形成聚碳酸酯、PTA、环氧乙烷、有机硅、甲醇制烯烃等多条具有行业竞争力的产业链，园区单打冠军林立、著名企业集聚，目前入区企业已达 30 余家，包括英荷壳牌、乐天化学、巴斯夫等世界 500 强企业，以色列化工、日本帝人、韩国晓星、新加坡美福等国际知名企业和嘉兴石化、嘉化能源、三江化工、信汇合成等国内知名企业，其中德山气相二氧化硅、帝人聚碳酸酯、三江环氧乙烷产能全国领先，合盛有机硅产能亚洲领先。

三、园区项目及发展亮点

2016 年，嘉兴园区在建已建的项目如下：滨海集团公司于年初启动了牛桥港商务区河道两侧绿化项目，蓝色屋面整治暨光伏项目，森马（嘉兴）物流仓储基地项目，综合保税区核心服务区提升改造项目，嘉兴港区智慧化工园区建设项目。

第十二章 钢铁行业重点园区

2016 年，我国钢铁行业重点园区建设发展迅速。湛江经济技术开发区是目前全国面积最大的国家级开发区之一，高新技术产业集聚度高、自主创新能力强、外向型经济发展突出；太原不锈钢产业园区是国家新型工业化产业示范基地，园区产业集聚效果明显，形成了现代制造、不锈钢加工和现代商贸物流三大产业集群。

第一节 湛江经济技术开发区

一、园区概况

湛江经济技术开发区（以下简称"湛江开发区"）是国务院 1984 年 11 月批准成立的全国首批 14 个沿海经济技术开发区之一，位于湛江市赤坎区和霞山区两个老城区之间。辖两个街道办，人口 5 万余人，其中农村人口 8000 多人。滩涂面积 115 平方公里，陆地面积 354 平方公里，是目前全国面积最大的国家级开发区之一。湛江开发区的方针为"以工业为主、外资为主、出口为主"，积极发展外向型经济。园区特点明显，高新技术产业集聚度全市最高：高新技术产品总产值占全市的 26%；高新产品增加值占全市的 27%；高新产品利税占全市的 20%；高新企业数占全市的 29%；高新产品出口额占全市的 69%。园区自主创新能力全市最强：科技型工业企业占全区规模工业企业的 70%；市级以上研发机构占全市的 23.3%；近几年来专利授权量年均增长 63.4%，申请量年均增长 49.5%，高于全市同期增长比例。

湛江市地缘区位优势明显：一是中国大西南经济腹地进出口的重要咽喉；

二是中国进军东盟各国市场最佳的"桥头堡",也是东盟各国进入中国大陆市场最佳的"登陆点";三是中国沿海通往中东、东南亚、非洲、大洋洲、欧洲航程最短的口岸。独特的区位优势使湛江经济技术开发区在中国—东盟自由贸易区、泛珠三角经济合作圈、环北部湾经济圈、亚太经济圈中处于重要的战略地位,成为中国大陆最适宜外来投资者投资经营的地区之一。

二、园区产业布局

湛江开发区规划总面积约 400 平方公里(含海岛四周的滩涂、养殖场及红树林),范围包括硇洲岛、东海岛、建成区、东头山岛和南屏岛等。建成区是今后中心城区建设发展的重点区域,定位为湛江中心城区的核心地区,以发展行政管理、商务办公、商业金融科研信息为主,规划建设成为第三产业发达、生活环境优美、商贸设施齐全、居住生活配套和滨海城市风貌特色突出的湛江中央商务区。东海岛以湛江市主城区和湛江港为依托,重点发展石化产业及其下游产业、钢铁产业,适度拓展旅游产业以及第三产业、物流及生活居住,力争成为具有海岛特色的现代化港口工业新城和钢铁石化循环经济示范区。硇洲岛、东头山岛及南屏岛主要为建成区和东海岛做好旅游、生活和产业配套服务。

开发区致力于发展高科技、高起点、高效益的"三高"工业项目,吸引了日本、美国、韩国、英国、法国、瑞士、加拿大、印尼、奥地利、澳大利亚、列支敦士登、泰国、菲律宾及中国香港和中国台湾等等国家和地区的广大客商前来办厂置业;引入列支敦士登的喜利得公司、海峡群岛的金钱饲料有限公司、泰国峥嵘公司、英国基士得耶公司、法国圣戈班公司等科技含量较高的跨国公司和大财团来投资办企业,建立起一个相对集中的高科技企业群体。

三、园区项目及发展亮点

2016 年,湛江经济技术开发区在建已建的项目共计 16 个。主要有中科炼化项目、东雷高速项目、东海岛中央商务区征迁和建设项目、中科安置房项目、铁路工厂站项目、东简农贸市场升级改造项目、区新一中工程项目等。

第二节 太原不锈钢产业园区

一、园区概况

太原不锈钢产业园是 2006 年经国家发改委核准成立的省级开发区，于 2002 年开始筹建，2003 年 10 月开工建设，2004 年 8 月一期建成并正式开园，是国家发改委、财政部批准的国家级循环经济试点园区和国家工信部批准的国家新型工业化产业示范。2015 年 5 月，太原不锈钢产业园区经山西省发展和改革委员会批准，成为省级低碳产业园区。

园区规划控制总面积 16.98 平方公里，位于太原市北部尖草坪区的 108 国道两侧、新兰路以东区域。园区紧邻太钢，距离高速路口 4 公里，距离市中心 10 公里，距离太原国际机场 25 公里，交通非常便利，地处中部地区，具有承东启西、连南接北，承接沿海地区产业梯度转移，辐射全国的区位优势。近年来，园区配套设施进一步完善，一是自来水完成供水主干线建设 2.7 公里，实现了主网贯通。二是天然气实现"双气源"燃气供应，完成 6.6 公里燃气管网建设，实现了全网覆盖。三是区域集中供热改建一次到位，供热面积 39 万平方米，建成覆盖全区的区域集中供热体系。同时，成为太原市"煤改气"示范区，全面取缔区内燃煤锅炉，拆除燃煤锅炉 14 台。四是道路建设全面提速，完成阳兴南街等 3 路 1 桥建设，雨污水管网 3.9 公里，新增通车里程 2.1 公里。五是电力管沟建设与改迁同步推进，新建电力管沟 5.7 公里，改造旧线入地 6.9 公里，完成 4.8 公里 5 条线路迁改工程。六是园林绿化水平大幅提升，创建 3 个省级园林绿化企业和 5 个市级绿化企业，完成绿化工程 6.3 万平方米。七是城乡清洁工程稳居太原市前列。

二、园区产业布局

园区产业集群集聚成果明显，形成了三大支柱产业集群：一是以太原锅炉循环硫化床、东杰智能物流装备、威迩思等为示范的现代制造产业集群，已投资38亿元，完成产值30.4亿元；二是以太钢不锈钢无缝钢管、大明不锈钢深加工中心为龙头的不锈钢加工产业集群，企业数量共计42家，已投资35亿元，完成产值29.1亿元；三是以太钢工业园、鼎泰交易中心为代表的现代商贸物流产业集群，已建和在建的项目共计14个，总投资93亿元，项目全部建成后可实现交易额近千亿元。现代商贸物流集群已经初步形成四大板块，即：润恒农产品物流，华润、国药医药物流和海尔3C电子物流，鼎泰、太钢工业园钢铁物流。

三、园区项目及发展亮点

2016年，太原不锈钢产业园区获批省级低碳产业园区试点。

2016年，太原不锈钢产业园区在建已建的项目如下：山西原野汽车制造有限公司的纯电动厢式运输车项目，山西奥特新能源股份有限公司新能源汽车项目，太原润恒现代农副产品冷链物流园项目，太原太钢大明加工中心项目，山西远航电动车业有限公司投资兴建的太阳能汽车项目，山西规模最大农副产品批发交易中心和冷链物流中心润恒项目等。

第十三章　有色金属行业重点园区

2016年，有色金属行业重点园区建设突出。安徽铜陵经济开发区是安徽省首批战略性新兴产业集聚发展基地，已形成以铜基新材料产业为主导，电子信息材料、先进装备制造为支撑的三大战略性新兴产业集群，主导产业发展迅猛；营口大石桥沿海新兴产业区是辽宁沿海经济带重点支持区域，产业区形成了高端镁质产业园、有色金属（化工）园和循环经济产业园三大园区，并已承接了一批产业化发展项目。

第一节　安徽铜陵经济开发区

一、园区概况

铜陵经济技术开发区（以下简称"经开区"）创建于1992年7月，为时任铜陵市市长汪洋同志亲手创办，是"醒来，铜陵！"解放思想大讨论重要成果之一。1993年5月，成为全省首批省级经济技术开发区。2011年4月，晋升为国家级开发区（全省第5家）。2015年7月，跻身于安徽省首批战略性新兴产业集聚发展基地。截至目前，区内已有56户高新技术企业，拥有省级企业技术中心、工程研究中心等25家；拥有铜陵有色国家级铜加工工程技术研究中心1家；建有国家铜铅锌质检中心、国家级公共服务平台、国家PCB检测中心。

铜陵经开区地处长三角城市群与长三角经济圈和武汉经济圈的交汇中心，是合肥都市圈南向发展的战略门户。沪蓉与京台高速、京福高铁与宁安城际铁路在此形成"十"字交汇，比邻南京禄口、合肥新桥机场，距离九华山机场只有 20 公里车程。万里长江穿城而过，岸线资源长达 100 多公里，拥有国家首批对台直航港口和万吨级海轮进江终点港、一类对外开放口岸，港口年吞吐量亿吨以上。铜陵长江大桥是八百里皖江第一桥，铜陵二桥也已开通。

2015 年，经开区实现规上工业总产值 658 亿元，战略性新兴产业产值 483 亿元，固定资产投资 178 亿元，新开工亿元以上项目 30 个，竣工亿元以上项目 25 个，招商引资完成 124 亿元。在 2015 年度全省 16 个国家级开发区综合考核中名列第四。预计 2016 年可实现规上工业总产值 700 亿元以上，战略性新兴产业产值 510 亿元，固定资产投资 220 亿元，招商引资完成 130 亿元以上。

二、园区产业布局

经开区现已入驻企业 1300 余家，拥有百亿企业 2 家、上市公司 3 家，三板或四板挂牌企业 13 家。已形成以铜基新材料产业为主导，电子信息材料、先进装备制造为支撑的三大战略性新兴产业集群，新能源汽车、电子通信、冶金化工等产业快速崛起，产业明显集聚，经济特色鲜明。2015 年，铜基新材料产业产值占经开区工业总产值 80%。已基本建成了铜及铜合金棒线型粉、铜基电子材料、铜板带、铜再生资源循环利用、电线电缆、铜文化产品等六大铜基新材料产业链。战略性新兴产业和国家鼓励类产业占比较大，2015 年，经开区战兴产业产值占规上工业总产值 68%。电子信息材料产业已形成了 2 条产业链（集成电路引线框架—模具—封装产品；电容器用薄膜—金属化薄膜—薄膜电容器），成为全国最大的电容器薄膜与挤出模具生产基地。装备制造业已形成电子专用设备、环保设备、冶金矿山专用装备、汽车零部件等十多个产品集群。

三、园区项目及发展亮点

2016 年，铜陵经济技术开发区在建已建的项目如下：总投资 80 亿元年产 20 万辆奇点智能新能源汽车项目，年产 800 万台手机生产基地项目，总投资 15 亿元铜化聚苯硫醚和聚酰胺切片项目，世界 500 强艾默生电气项目，金誉金属总投资 10 亿元的年产 15 万吨高端铝合金项目等。

第二节 营口大石桥沿海新兴产业区

一、园区概况

营口大石桥沿海新兴产业区于 2001 年 3 月建区，2005 年 10 月晋升为省级开发区，2010 年 10 月经辽宁省政府批准成为辽宁沿海经济带重点支持区域。规划面积 50 平方公里。

营口大石桥沿海新兴产业区位于辽宁中部城市群和辽宁沿海城市带交叉点，处于营口沿海经济区 30 分钟经济圈内，是营口的同域城区，具有特殊的区位优势。交通十分便利，位于沈大高速公路、哈大铁路、哈大高铁中间地带，距沈阳 120 公里，大连 200 公里；距营口港 10 公里，鲅鱼圈港 40 公里，营口新建机场 10 公里。

二、园区产业布局

营口大石桥沿海新兴产业区重点规划了三个园区，分别是高端镁质产业园、有色金属（化工）园和循环经济产业园。其中高端镁质产业园规划面积 22 平方公里。目前，已入驻企业 56 家，重点发展方向分别为：高端镁耐材、镁化工、镁合金、镁建材等，包括高性能不定型耐火材料、优质无铬镁质烧成砖、镁质渣系及熔剂等；轻体节能镁合金产业，包括镁合金压铸件、板材、型材、焊接等；镁质化工产业，包括食品级氧化镁及医药级氧化镁、饲料级氧化镁、农用肥料、氢氧化镁阻燃剂、脱硫剂、除雪剂等。

三、园区项目及发展亮点

2016 年，营口大石桥沿海新兴产业区在建已建的项目如下：有色金属回收利用基地项目，铝合金铸件项目，再生铜及物流项目，高端镁质功能性材料加工项目，年产 50 万吨高活性轻烧氧化镁项目，金天马专用车生产项目，年产 2 万吨聚醚醚砜项目，生产镁砖、镁铝碳砖等定型耐火材料和捣打料、喷部料等不定型耐火材料等项目，年产 3 万吨摩擦材料用树脂项目，滑板砖项目，利用工业废弃油品年产 10 万吨再生油品项目，年产 2.5 万吨铸造用树脂项目，电子、光纤光缆制造业项目，年处理 5 万吨废塑料再生利用项目，汽车保温填充料、内饰毛毡系列项目，30 万吨级高活性轻烧氧化镁制备项目，镁铝合金太阳能光伏电池框架项目，环氧树脂项目，利用低品位原料制备年产 100 万吨高纯菱镁矿精矿粉项目，中空玻璃分子筛 6000 吨、PSA 分子筛 4000 吨项目，聚酰胺隔热条项目，镁产品及复合肥生产项目，年产 5 万吨高性能镁质不定型耐火材料项目，PCB 电路板项目等。

第十四章　建材行业重点园区

　　2016年，建材行业重点园区建设以成都青白江区绿色建材产业园和广东佛山建筑陶瓷产业园较为突出。成都青白江区绿色建材产业园是全国唯一获批的绿色建材示范基地，园区重点发展玻璃深加工及特种功能玻璃、建筑部品部件、新型建筑材料及制品、高性能无机纤维复合材料，大力推动绿色建材产业向价值链高端发展，目前已有一批项目在建投产；广东佛山建筑陶瓷产业园是我国最大的、最重要的建筑陶瓷生产基地，产业规模逐步扩大，产业集聚效应凸显，拥有一批享誉国内外的陶瓷品牌和代表性企业，并形成了全国最大和产业链最完备的陶瓷产业集群。

第一节　成都青白江区绿色建材产业园

一、园区概况

　　成都青白江区绿色建材产业园是全国唯一获批的绿色建材示范基地，在工信部公布的第六批"国家新型工业化产业示范基地"中获批为"绿色建材·程度青白江区"示范基地。青白江区绿色建材产业园已有绿色建材企业113家，其中规模以上企业83家，拥有1个国家级、8个省级、3个市级技术中心，有台玻公司、江河创建、成都建工、中国复合材料集团、五矿地产湖南开发有限公司等。青白江区绿色建材产业园大力推动绿色建材产业向价值链高端发展，青白江设立了5000万元专项资金，重点扶持企业技术研发和成果转化，支持企业建立绿色建材技术中心，同时在用地保障、财税支持、项目审批等方面给予政策倾斜。

二、园区产业布局

成都青白江区绿色建材产业园重点发展玻璃深加工及特种功能玻璃、建筑部品部件、新型建筑材料及制品、高性能无机纤维复合材料,并着力布局与绿色建材产业相关的生产性服务业项目。

三、园区项目及发展亮点

2016 年 3 月,成都青白江区绿色建材产业园成为全国唯一获批的绿色建材示范基地。

2016 年,成都青白江区绿色建材产业园在建已建的项目如下:总投资1.6 亿美元的百利威(成都)国际电子商务物流园项目、总投资 12 亿元的成都电子商务分拨结算中心项目、总投资 5.5 亿元的成都建工建筑工业化项目、攀钢集团积微物联网项目、巨石集团 23 万吨无碱高端玻璃纤维生产线等。

第二节　广东佛山建筑陶瓷产业园

一、园区概况

佛山市是我国最大的、最重要的建筑陶瓷生产基地,享有“中国陶谷”的美誉。佛山市政府大力发展总部经济,努力打造成为陶瓷研发、营销、信息、结算、检测、展示、文化中心;适度发展特种陶瓷、高端建筑卫生陶瓷、陶瓷化工色釉料等;不再扩建、新建一般性建筑卫生陶瓷和陶瓷化工色釉料生产线;大力提高整线整厂成套供应能力,开发技术领先、具有自主知识产权的陶瓷技术装备。佛山年产值近千亿元,集聚了一批享誉国内外的陶瓷品牌和代表性企业,拥有全国最大和产业链最完备的陶瓷产业集群。东鹏、博德、嘉俊、格仕陶、兴辉、欧文莱、RAK(哈伊马角)、Sant'Agostino、ABM、荣四郎等来自全国各大陶瓷产区乃至希腊、瑞士、阿联酋、意大利、日本等世界各地的品牌纷纷进驻佛山,设立设计、管理、营销总部或中华区域的营销中心。

佛山市位于珠江三角洲经济区中部，位于亚太经济发展活跃的东亚和东南亚的交汇处，与广州构建为"广佛经济圈"。佛山市中心区距广州三大交通枢纽（广州新白云机场、广州南沙港、广州火车站）的车程均为 1 小时之内。佛山毗邻港澳，与香港、澳门车程均在 2 小时左右，分别相距 231 公里和 143 公里。

二、园区产业布局

"中国陶谷"可划分为一谷八园，分别为南风古灶片区、广东省（佛山）软件产业园、中国陶瓷城、石湾古镇文创园、佛山泛家居电商创意园、佛山互联网＋创新创业产业园、新石湾美术陶瓷厂、艺术家村落等，形成特色突出、业态多样、连片互动的产业集聚格局。

三、园区项目及发展亮点

2016 年 3 月 2 日，佛山陶联产业平台成立，广东东鹏陶瓷股份有限公司董事长何新明任平台董事长。在陶瓷产业谋求转型升级的背景下，众陶联平台通过打造"产业＋互联网＋金融资本"的新模式，将迈出佛山陶瓷转型升级、智能制造的实质性步伐，开启佛山传统制造业与互联网、金融资本对接的先河，推动"佛山制造"迈向"佛山创造"。

第十五章　稀土行业重点园区

2016 年，稀土行业重点园区建设稳步推进。江西省赣县经济开发区是江西赣州稀有稀土金属循环经济产业基地，形成了以钨和稀土为主导的产业体系，产业规模逐步扩大；梅州高新技术产业园区加快推进以稀土深加工为核心的"稀土高科技产业园"建设，形成以新能源、新材料、新医药为重点的战略性新兴产业集聚发展的格局，以稀土金融化和稀土应用为特色的产业发展体系已经建立，一批产业化项目也已落地实施。

第一节　江西省赣县经济开发区

一、园区概况

赣县经济开发区始建于 2001 年，2006 年被省政府认定为省级工业园，2009 年 10 月，经省政府批复，更名为江西省赣县经济开发区，2010 年获批江西省钨和稀土产业基地、台商创业园、台湾产业基地三块牌子，2011 年获批为江西赣州铜铝有色金属循环经济产业基地和江西赣州稀有稀土金属循环经济产业基地，2007 年洋塘工业区被列为国家小企业创业基地。赣县经济开发区位于江西省赣县县城北部，前身为赣县工业园，由洋塘工业小区、红金工业小区、储潭工业小区组成。赣县经济开发区主导产业有钨和稀土产业、大用电产业，铝产业、电子信息产业、鞋产业、食品产业、建材产业、LED产业、机械与模具制造产业等。

赣县经济开发区交通便捷，位于赣江源头，赣龙铁路、京九铁路、赣大高速公路、赣粤高速公路、瑞赣高速公路、赣州环城快速公路、323 国道穿过境内，设有赣州火车东站、3 个高速出口。洋塘工业小区位于县城东郊的茅店镇，距红金工业小区 4 公里。储潭工业小区位于紧邻县城的储潭乡，距县城 10 公里。红金工业小区位于县城东郊距赣州火车东站仅 2 公里，距赣州市区 7 公里。

二、园区产业布局

赣县经济开发区规划面积 52 平方公里，其中，红金工业小区一期、二期规划为有色金属产业园，三期规划为电子信息材料产业园，四、五、六期规划为机械产业园、铝产业园、LED 产业园；洋塘工业小区规划为鞋业产业基地、大用电产业园、食品加工产业园和新型建材产业园；储潭工业小区规划为冶金化工产业园。

三、园区项目及发展亮点

2016 年 10 月，赣县撤县设区，成为江西省第 23 个设区市市辖区。

第二节　广东省梅州高新技术产业园区

一、园区概况

梅州高新技术产业园区原名为梅州经济技术开发区，于 2003 年 4 月由省人民政府批准设立，2004 年更名为梅州高新技术产业园区，2005 年 7 月开始在梅县畲江镇筹建开发。为贯彻落实"双转移"发展战略，梅州市、广州市从高新区规划范围中划出 4.03 平方公里，作为穗梅两市合作共建广州（梅州）产业转移工业园，园区于 2008 年 8 月竞得省第一批、2009 年 7 月竞得省第四批产业转移竞争性扶持资金共 10 亿元，成为省级示范性转移园区，2011 年 1 月，经省政府同意，广州（梅州）产业转移工业园扩展至梅州经济开发区（部分）面积 3.23 平方公里，成为"一园两区"的布局，面积为 7.26 平方公里。2011 年 6 月，遴选为省十大产业转移重点园区之一。2011 年 10 月，设立梅州高新技术产业园区党工委、管委会，实行"两块牌子，一套人马"管理模式，并把广东梅州经济开发区和广州（梅州）产业转移工业园纳入一个框架内进行管理。

二、园区产业布局

园区已基本形成电子信息产业片区、先进制造业产业片区、新医药产业片区以及生物食品工程产业片区等四大产业片区。正加快推进以稀土深加工为核心的"稀土高科技产业园"、以汽车零部件和摩托车及其配件为核心的"广汽（梅州）产业园"、以新能源光伏制造业为核心的"新能源科技产业园"等三个"园中园"的开发建设。园区重点发展稀土深加工及稀土产品应用三大产业，交通运输设备制造业，通信设备计算机及其他电子设备制造业，形成以新能源、新材料、新医药为重点的战略性新兴产业集聚发展的格局。

三、园区项目及发展亮点

2016年，梅州高新技术产业园区在建已建的项目如下：与广药集团签署的"大南药""大健康""大商业"产业发展合作项目，梅畲快速干线项目，公和安置区项目，园区二期项目等。

企业篇

第十六章 重点石化化工企业

2016 年，石化化工企业中鲁西集团和新疆天业集团发展较为突出。鲁西集团是中国化工行业技术创新示范企业，化工产品产量逐年提高，产品远销国内外市场，市场发展前景良好；新疆天业集团连续 11 年进入中国制造业 500 强，连续 6 年进入中国企业 500 强，企业发展势头良好，销售收入稳步提升。

第一节 鲁西集团

一、企业生产经营范围

鲁西集团是聊城市属国有控股企业集团，1998 年设立鲁西化工集团股份有限公司，在深圳证券交易所上市。集团拥有煤化工、氟硅盐、化肥、新材料、催化剂、设计研发、化工装备、化工工程、新能源装备、金融等产业板块，主要产品包括合成氨、三聚氰胺、甲酸、液氧、液氮、液氯、己内酰胺、双氧水、烧碱、氯化苄、氯磺酸、甲烷氯化物、四氯乙烯、苯甲醇、DMF、硫酸、氯化石蜡、制冷剂、含氟聚合物等三十余种化工产品。

二、企业规模

总资产 276 亿元，职工 13000 余人，化工产品年产量 400 万吨，产品除国内销售外，还外销拉美及东南亚等国家和地区，各种产品具有广泛的市场用途和广阔的发展前景。

三、企业经济效益分析

2016 年 1—3 季度，鲁西集团多项经营指标如下：总资产 234.6 亿元，同比增长 4.9%；归属于母公司股东权益 84.6 亿元，同比增加 8.3%；营业收入 77.0 亿元，同比减少 23.5%；净资产收益率 1.1%，同比减少 4.3 个百分点。

表 16 – 1　2016 年 1—9 月鲁西集团财务信息

（单位：百万元）

	总资产	归属于母公司股东权益	营业收入	净资产收益率（%）
2015 年 1—9 月	22364.2	7810.2	10069.7	5.4
2016 年 1—9 月	23460.0	8458.4	7703.3	1.1
2016 年同比增长（%）	4.9	8.3	− 23.5	

资料来源：鲁西集团季报，2016 年 10 月。

四、企业创新能力分析

建有国家级企业技术中心、博士后工作站、院士工作站、欧洲研发中心、省级工程实验室等技术研发机构，拥有国家级化工职业技能鉴定站、鲁西化工工程学院、员工培训中心等培训机构。荣获"全国五一劳动奖状""山东省省长质量奖""山东工业突出贡献表彰奖""中国化工行业技术创新示范企业""中国化工园区 20 强""全国石油和化工行业责任关怀最佳实践单位"等荣誉。集团聚碳酸酯工程实验室被认定为"石油和化工行业聚碳酸酯高性能化合成与制备技术工程实验室"。拥有国家发展和改革委员会等单位认定的国家级企业技术中心，该中心是独立的科研机构，拥有专家委员会和技术委员会，下设研究院、设计院、博士后科研工作站、中试基地、欧洲研发中心等业务职能部门。该中心拥有有机合成、高压设备制造等专业所需的国际领先的试验仪器和检测设备。鲁西设计院有设计、研究人员近 200 人，含高级工程师 12 人，硕士 20 人，各类注册工程师 24 人，具有化工石化医药行业甲级设计资质、化工工程专业甲级设计资质、压力管道（GB、GC）和压力容器（A1、A2、A3）设计、化工造价咨询资质、制造、安装资质及海外承包资质，于 2010 年通过了 ISO9001 质量管理体系认证。

第二节　新疆天业集团

一、企业生产经营范围

新疆天业（集团）有限公司建于 1996 年，控股的新疆天业股份有限公司于 1997 年在上海证券交易所上市、新疆天业节水灌溉股份有限公司于 2006 年在香港上市。集团所属产业覆盖节水器材、热电、化工、电石、水泥、矿业、建材、塑料制品、食品、物流、对外贸易、建筑、安装与房地产等多个领域。集团连续 11 年进入中国制造业 500 强，连续 6 年进入中国企业 500 强，是全国第一批循环经济试点企业，循环经济教育示范基地和资源节约型、环境友好型企业创建试点企业，技术创新示范企业，获得全国"五一劳动奖状"、全国国有企业"四好"领导班子先进集体、中国工业行业履行社会责任五星级企业、全国循环经济工作先进单位、全国工业品牌培育示范企业、国家知识产权战略实施工作先进集体、制造业信息化科技工程应用示范企业、中国学习型组织优秀单位、国家技能人才培育突出贡献企业奖、全国专业技术人才先进集体、全国两化融合管理体系贯标试点企业、第二届中国质量奖提名奖、第四届中国工业大奖。

二、企业规模

拥有年产 20 万吨特种聚氯乙烯及综合配套装置资产，包括年产 20 万吨特种 PVC 装置、年产 15 万吨烧碱装置、年产 70 万吨电石装置和 2×330MW 热电机组资产。前三季度发电 24.25 亿度，供汽 167.42 万吉焦，生产电石 34.96 万吨、特种树脂 5.50 万吨、糊树脂 4.89 万吨、片碱 7.01 万吨；除自身耗用外，天伟化工外销电 8.77 亿度、蒸汽 95.78 万吉焦、电石 10.25 万吨、特种树脂 6.19 万吨、糊树脂 5.73 万吨、片碱 7.00 万吨。

三、企业经济效益分析

2016 年 1—3 季度，多项经营指标呈现企稳上升态势：归属于母公司股东权益 89.5 亿元，同比增加 7.3%；归属于母公司股东权益 38.1 亿元，同比增加 65.9%；营业收入 40.3 亿元，同比增加 19.1%；净资产收益率 16.6%，同比增加 10.6 个百分点。

表 16 – 2 2016 年 1—9 月新疆天业集团财务信息

（单位：百万元）

	总资产	归属于母公司股东权益	营业收入	净资产收益率（%）
2015 年 1—9 月	8340.8	2298.6	3387.7	6
2016 年 1—9 月	8949.7	3813.4	4034.8	16.6
2016 年同比增长（%）	7.3	65.9	19.1	

资料来源：新疆天业集团季报，2016 年 10 月。

四、企业创新能力分析

PVC 管材、聚氯乙烯树脂、农用地膜、节水器材、烧碱荣获新疆名牌产品称号；节水微灌标准体系标准项目荣获中国标准创新贡献奖；"天业"牌聚氯乙烯被评为"中国知名品牌产品"和"中国名牌产品"；自主研发的节水滴灌技术创新工程项目、西部干旱地区节水技术及产品开发项目、聚氯乙烯专用树脂系列产品的开发与产业化示范项目荣获国家科技进步二等奖。2014年荣获首届"兵团质量奖"，承担的 863 计划重点项目——膜下滴灌水稻亩产达 836.9 公斤。"天业灌溉系统"在国内外累计推广近 6000 万亩，成功走向全球近 15 个国家。天业节水灌溉技术国际科技合作基地被评为国家级节水灌溉技术国际科技合作基地，膜下滴灌节水灌溉工程项目获第三届中国工业大奖表彰奖。

第十七章 重点钢铁企业

2016 年，钢铁行业重点企业发展亮点突出。宝武钢铁集团重点发展以钢铁产业为主体、以钢铁生态圈平台化服务和绿色精品智慧制造为两翼的发展战略，2016 年粗钢产量全国第一，企业利润有所回升，行业竞争力稳步提升；河北钢铁集团是国内最大钢铁上市公司之一，技术装备已实现现代化和大型化、产品结构多元化、综合竞争实力显著提升，科技创新成为企业发展的主要动力。

第一节 宝武钢铁集团

一、企业生产经营范围

中国宝武钢铁集团有限公司（简称"宝武集团"）由原宝钢集团有限公司和武汉钢铁（集团）公司联合重组而成，于 2016 年 12 月正式揭牌成立。是国有资本投资公司试点企业。宝武集团目前业务涉及钢铁及相关制造业、钢铁及相关服务业，产品涵盖普碳钢、不锈钢、特钢等三大系列。宝武集团钢铁产品广泛应用于石油化工、机械制造、能源交通、金属制品、汽车、家电、航天航空、核电等行业。

二、企业规模

宝武集团注册资本 527.9 亿元，资产规模 7395 亿元，雇佣员工 22.8 万人，2016 年宝钢股份、武钢股份等旗下钢铁子公司粗钢产量合计达到 5840 万吨，位居中国第一、全球第二。

三、企业经济效益分析

2016年，多项经营指标呈现上升态势：经营利润70.2亿元，同比增加164.5%；利润80.3亿元，同比增加138.5%。

表17－1 2016年1—9月宝武钢铁集团财务信息

（单位：百万元）

	营业收入	经营利润
2015年	—	−10880.0
2016年	307200.0	7020.0
2016年同比增长（％）	—	164.5

资料来源：互联网。

四、企业创新能力分析

宝武集团以"创新、协调、绿色、开放、共享"为发展理念，按照国有资本投资公司的定位，以驱动绿色钢铁产业生态圈发展，成为员工和企业共同发展的公司典范为使命，实施以钢铁产业为主体、以钢铁生态圈平台化服务和绿色精品智慧制造为两翼的发展战略。生产研发范围包括，钢铁冶炼、加工等与钢铁有关的业务，技术开发、转让、服务和管理咨询服务，商品和技术的进出口，汽车修理，有色金属冶炼及压延加工，工业炉窑，化工原料及产品的开发。汽车用钢、硅钢研发取得新突破；首个欧洲市场订单土耳其TANAP项目交付，UOE焊管实现批量供货；BP阿曼项目油管批量供货；为中石油塔里木油田提供S级超高韧性钻杆钻探8038米，成功打破其最深井纪录；"低温高磁感取向硅钢制造技术的开发和产业化"项目荣获国家科技进步一等奖；"高等级无取向硅钢制造技术的开发和产业化"项目荣获获上海市科技进步一等奖。

第二节　河北钢铁集团

一、企业生产经营范围

河北钢铁集团是特大型钢铁企业，注册地为河北省石家庄市，下辖唐山分公司、邯郸分公司、承德分公司。河钢股份总股本 106.19 亿股，是沪深300 指数指标股和融资融券标的股；总资产和营业收入均超过 1000 亿元，是国内最大钢铁上市公司之一。依托资本市场的蓬勃发展，公司逐步建设了薄板深加工项目及表面涂镀层工程、国家重点技术改造项目超薄带钢生产线、氧化钒生产线技术改造和钒钛资源综合开发利用技改项目等一系列产品深加工工程。经过持续技术改造和产业升级，公司主业装备已实现现代化和大型化，整体工艺装备达到国际先进水平，综合竞争实力发生了质的提升，产品结构实现了多元化，着力建设精品板材、钒钛制品、优质建材三大基地。新产品覆盖了汽车、石油、铁路、桥梁、建筑、电力、交通、机械、造船、轻工、家电等 20 多个重要应用领域。

二、企业规模

2016 年 1—6 月，公司产生铁 1449.29 万吨，粗钢 1412.42 万吨，钢材1372 万吨，钒渣 8.37 万吨。上半年实现营业收入 379.11 亿元，营业利润4.32 亿元，利润总额 4.52 亿元，归属于母公司的净利润 4.09 亿元。

三、企业经济效益分析

2016 年 1—3 季度，河北钢铁集团多项经营指标如下：总资产 1785.4 亿元，下降 0.2%；归属于母公司股东权益 442.9 亿元，同比增加 1.6%；营业收入 591.1 亿元，同比减少 3.4%；净资产收益率 2.1%，同比增加 1.0 个百分点。

表 17 – 2　2016 年 1—9 月河北钢铁集团财务信息

（单位：百万元）

	总资产	归属于母公司股东权益	营业收入	净资产收益率（%）
2015 年 1—9 月	178901.2	43594.1	61192.4	1.1
2016 年 1—9 月	178543.4	44291.6	59111.9	2.1
2016 年同比增长（%）	– 0.2	1.6	– 3.4	

资料来源：河北钢铁集团季报，2016 年 10 月。

四、企业创新能力分析

2016 年上半年，公司加大科技创新力度，完善科技创新体系，提升科技创新实力，为产品升级和结构调整提供强力支撑，投入研发资金 9.2 亿元。品种钢比例不断提高，成功开发出 1500MPa 超高强汽车板等多个高端新品，汽车板 O5 级面板实现批量供货。

第十八章　重点有色金属企业

2016 年，有色金属行业中重点企业发展保持平稳。浙江海亮股份有限公司是全球最大、最具竞争力的铜加工企业之一，是中国最大的铜管、铜管接件出口企业之一，是铜加工行业精细化管理标杆企业，2016 年，企业产品销售收入显著提升，技术创新对企业发展发挥了重要作用；铜陵有色金属集团股份有限公司是国际化的开放型的现代企业集团，已形成了上下游一体的产业链条，企业规模保持稳步增长，对外贸易发展突出，具有较强的国际竞争力。

第一节　浙江海亮股份有限公司

一、企业生产经营范围

浙江海亮股份有限公司（简称"海亮股份"）是海亮集团有限公司控股的中外合资股份有限公司。自 2001 年成立以来，致力于高档铜产品（铜棒、铜管、铜管接件、铜导体新材料、铜加工设备等）的开发、生产、销售和服务，是全球最大、最具竞争力的铜加工企业之一，是中国最大的铜管、铜管接件出口企业之一，是铜加工行业精细化管理标杆企业。主要产品包括：铜盘管、铜及铜合金直管、铜及铜合金管接件、铜及铜合金棒材型材、铜合金锭、铜加工机械设备。

二、企业规模

截至 2015 年 12 月，海亮股份拥有员工 4300 多人，总资产 92.20 亿元，归属于上市公司股东的净资产38.11亿元，2016年1—6月，公司实现铜加工产品销售量20.36万吨（其中委托金龙股份三个生产基地加工产品的销售量为7.05万吨），比上年同期12.35万吨增长64.86%。

三、企业经济效益分析

2016年1—3季度，浙江海亮股份有限公司多项经营指标呈现上升态势：总资产115.9亿元，同比增加25.8%；归属于母公司股东权益41.3亿元，同比增加8.3%；营业收入127.3亿元，同比增加26.8%；净资产收益率9.9%，同比增加8.8个百分点。

表 18-1　2016 年 1—9 月浙江海亮股份有限公司财务信息

（单位：百万元）

	总资产	归属于母公司股东权益	营业收入	净资产收益率（%）
2015 年 1—9 月	9216.9	3812.1	10035.6	1.1
2016 年 1—9 月	11594.8	4128.5	12725.2	9.9
2016 年同比增长（%）	25.8	8.3	26.8	

资料来源：浙江海亮股份有限公司季报，2016 年 10 月。

四、企业创新能力分析

属于高新技术企业，全国企事业知识产权试点单位，国家级博士后科研工作站设站单位，标准创新型企业，省级创新型企业，拥有浙江省首批省级企业研究院、省级企业技术中心、省级高新技术研发中心、省级重点创新团队，教育部重点实验室"海亮铜加工技术开发实验室"。具有较强的自主创新能力，在铜水（气）管及管件、空调铜管、铜合金管、精密铜棒的工艺、模具及新产品开发等方面取得了明显的技术突破，开发的技术和产品曾先后获得浙江省科学技术奖 8 项、有色金属工业协会科学技术奖等部级奖项16 项。

第二节　铜陵有色金属集团股份有限公司

一、企业生产经营范围

铜陵有色于 1992 年 6 月经安徽省体改委批准成立，1996 年 10 月 24 日在深圳证券交易所上市，成为中国铜工业板块第一股（股票代码：000630）。公司是目前国内产业链最为完整的综合性铜业生产企业之一，主要从事铜矿勘探、采选、冶炼和深加工等业务，拥有完整的上下游一体化产业链，其在矿产资源储备、铜冶炼、加工等方面的独特竞争优势，完善的产业资本结构布局，使公司具备很强抗风险能力。是国际化的开放型的现代企业集团，是最早与国际市场融通接轨的有色金属企业之一，与全球 30 多个国家和地区建立了经济技术和贸易合作关系，进出口贸易总额多年蝉联全国铜行业和安徽省首位。

二、企业规模

2016 年上半年，自产铜精矿含铜量完成 23698 吨，同比增长 0.53%；阴极铜完成 63.22 万吨，同比下降 4.67%；硫酸完成 213.54 万吨，同比增长 5.59%；黄金完成 4418 千克，同比下降 34.07%；白银完成 204.76 吨，同比增长 4.30%；铁精矿完成 24.35 万吨，同比增长 3.62%；硫铁矿产量同比下降 8.94%；金精矿含金同比下降 3.69%；铜材完成 149295 吨，同比增长 6.99%。

三、企业经济效益分析

2016 年 1—3 季度，铜陵有色金属集团股份有限公司多项经营指标如下：总资产 409.1 亿元，同比减少 7.4%；归属于母公司股东权益 139.7 亿元，同比增加 0.6%；营业收入 649.5 亿元，同比减少 4.9%；净资产收益率 0.7%，同比减少 0.5 个百分点。

表 18 – 2　2016 年 1—9 月铜陵有色金属集团股份有限公司财务信息

（单位：百万元）

	总资产	归属于母公司股东权益	营业收入	净资产收益率（%）
2015 年 1—9 月	44181.2	13883.2	68296.4	1.2
2016 年 1—9 月	40911.8	13966.5	64949.9	0.7
2016 年同比增长（%）	–7.4	0.6	–4.9	

资料来源：铜陵有色金属集团股份有限公司季报，2016 年 10 月。

四、企业创新能力分析

公司将抓住“一带一路”“中国制造 2025”等重大战略机遇，坚持创新驱动，加快调结构、转方式、促升级步伐，建设一流的阴极铜生产基地、铜基新材料加工基地、资源综合利用示范基地，公司先后与清华大学、中南大学等多所院校建设合作关系，成为国家创新型企业、全国技术创新示范企业，拥有国家级技术中心和国家认可试验室，获得 2 项国家科技进步一等奖、7 项国家科技进步二等奖。

第十九章　重点建材企业

2016 年，建材行业中以中国建材集团和科达洁能股份有限公司等企业发展突出。中国建材集团是中国最大、全球领先的综合性建材产业集团，2016年重组成立后，在国内占据领先地位，业务板块覆盖全面，"走出去"成效显著；科达洁能股份有限公司在建筑机械领域具有较强国际竞争力，对外出口贸易稳步提升，企业规模逐步扩大。

第一节　中国建材集团

一、企业生产经营范围

中国建材集团有限公司（简称"中国建材集团"）是经国务院批准，由中国建筑材料集团有限公司与中国中材集团有限公司重组而成，是国务院国有资产监督管理委员会直管的中央企业。集科研、制造、流通于一体，是中国最大、全球领先的综合性建材产业集团，连续 6 年荣登《财富》世界 500强企业榜单。集团涉及石材、墙体材料、陶瓷、节能环保等建材机械设备制造，自动化技术及装备的研究、开发与制造、销售；机电产品零配件，砂轮磨具、陶瓷制品、磨料、清洁能源相关机械设备及相关自动化技术及装备的研制、开发、制造与销售；清洁煤气、蒸汽的制造与销售；信息技术服务，网络技术咨询服务，软件开发与销售，系统集成，硬件设备租赁与销售；经营企业和成员企业自产产品及相关技术的出口业务和生产、研发所需的原辅材料、仪器仪表、零配件、机械设备及相关技术的进口。

二、企业规模

集团拥有 15 家上市公司，含海外上市公司 2 家。石膏板产能 20 亿平方米、玻璃纤维产能 178 万吨、水泥熟料产能 5.3 亿吨、商品混凝土产能 4.3 亿立方米、风电叶片产能 16GW，均位居世界第一；在国际水泥工程市场和余热发电国际市场领域处于全球第一。

三、企业经济效益分析

2016 年 1—3 季度，中国建材集团股份有限公司多项经营指标如下：总资产 3485.6 亿元，同比增加 4.5%；股东权益 520.7 亿元，同比增加 1.5%；营业收入 703.2 亿元，同比减少 0.1%；盈利 17 亿元，同比减少 0.3%。

表 19 – 1　2016 年 1—9 月中国建材财务信息

（单位：百万元）

	总资产	股东权益	营业收入	盈利
2015 年 1—9 月	333414.2	45295.7	76954.5	2447.9
2016 年 1—9 月	348558.6	52065.5	70322.0	1700.3
2016 年同比增长（%）	4.5	1.5	−0.1	−0.3

资料来源：中国建材季报，2016 年 10 月。

四、企业创新能力分析

拥有 26 家国家级科研设计院所，3.8 万名科技研发人员，33 个国家行业质检中心，8000 多项专利，11 个国家实验室和技术中心，18 个标委会。致力于成为国际一流的综合性建材产业集团、产业升级的创新者、行业整合的领军者、国际产能合作的开拓者，重点打造先进制造业平台、国际产能合作平台、国家级材料科研平台、国家级矿山资源平台、三新产业发展平台、金融投资运营平台等六大业务平台。

第二节　科达洁能股份有限公司

一、企业生产经营范围

广东科达洁能股份有限公司（简称"科达洁能"）建于1992年，在2002年于上交所上市，涉及建材机械、环保洁能、洁能材料三大业务领域，并提供EPC工程总承包管理服务和融资租赁业务。下辖20余家子公司，拥有科达、科达东大、埃尔、恒力泰、科行、新铭丰、卓达豪等业内知名品牌。产品销往40多个国家和地区，2015年实现利税总额8.13亿元。历经20多年的创新发展，在建材机械领域，科达洁能一举实现"陶机装备国产化""做世界建材装备行业的强者"的历史目标，奠定了科达洁能建材机械行业的强者地位。

二、企业规模

集团资产总额5500亿元，员工现有员工4300余人，年产清洁煤气量达12.96亿标方，热值达1600kcal/Nm^{3}以上。

三、企业经济效益分析

2016年1—3季度，科达洁能多项经营指标如下：总资产82.4亿元，同比减少2.2%；归属于母公司股东权益41亿元，同比减少0.1%；营业收入34.4亿元，同比增加22.5%；净资产收益率8.6%，同比减少6.9个百分点。

表19-2　2016年1—9月科达洁能股份有限公司财务信息

（单位：百万元）

	总资产	归属于母公司股东权益	营业收入	净资产收益率（%）
2015年1—9月	8424.3	4108.0	2804.3	15.6
2016年1—9月	8239.0	4103.9	3435.3	8.6
2016年同比增长（%）	-2.2	-0.1	22.5	

资料来源：科达洁能股份有限公司季报，2016年10月。

四、企业创新能力分析

在占领传统业务制高点的同时，顺应国家和社会发展需求，主动承担行业节能减排重任。自主研发的流化床气化系统和气流床气化系统两种核心技术，通过了国家环保部"环保产品"认证，入选国家重点环保"实用技术"和"示范工程"名录，专注于为工业企业提供清洁、高效、低成本的清洁燃料，为治理当前工业低效、污染、难监管的散烧煤带来雾霾污染的重要技术，被列入国家"煤炭清洁高效利用"重点推广技术。2015年，科达洁能与大气污染防治综合服务商——江苏科行环保科技有限公司进行资源整合，开创了工业企业"前端清洁能源+过程清洁生产+末端治理"的环保治理新模式。设有2个"国家认定企业技术中心"、2个"国家工程技术中心"、3个"博士后科研工作站"、3个"院士工作室"等高水平创新研发平台，拥有设施齐全的陶瓷工程试验中心和大型清洁煤气化技术研发基地，具有国家冶金行业设计、建筑工程设计和施工总承包资质，具备国家颁发的D1、D2级特种设备（压力容器）设计制造资质；获得授权专利1186项，其中发明专利167项，PCT专利4项，主持或参与制（修）订国家标准5项，行业标准31项。历获中国机械500强、国家级高新技术企业、国家知识产权优势企业、广东创新企业二十强、广东省政府质量奖等殊荣。

第二十章　重点稀土企业

2016 年，厦门钨业股份有限公司和北矿磁材科技股份有限公司发展较快。厦门钨业股份有限公司是国家级重点高新技术企业、国家首批发展循环经济示范企业，是国家六大稀土集团之一，企业已形成上下游一体的完整产业链条，技术创新和研发实力较强，具有极强的国内外竞争力；北矿磁材科技股份有限公司是国家磁性材料工程技术研究中心的依托单位之一，在稀土永磁材料科技创新领域重点突出，企业保持平稳增长。

第一节　厦门钨业股份有限公司

一、企业基本情况

厦门钨业股份有限公司（简称"厦门钨业"）是在上海证券交易所上市的集团型股份公司。前身厦门氧化铝厂始建于 1958 年，1982 年转产钨制品，1984 年更名为厦门钨品厂。1997 年，厦门钨品厂以发起设立方式整体改制为厦门钨业股份有限公司，并于 2002 年在上海证券交易所上市。公司是国家级重点高新技术企业、国家首批发展循环经济示范企业，是国家六大稀土集团之一。厦门钨业涉及钨、钼、稀土、能源新材料和房地产等产业。钨产业经过 30 年的发展，已形成从钨矿山、冶炼、深加工到钨二次资源回收的完整产业链，稀土产业形成了稀土矿山开发、冶炼分离、稀土功能材料研发应用等较为完整的产业体系。

二、企业规模

厦门钨业拥有20家控股子公司，一家分公司，一个国家钨材料工程技术研究中心，一个稀土及能源新材料研究中心，设有两个博士后工作站。厦门钨业直接和间接控制的钨矿山金属储量近200万吨，占全国30%左右；钨冶炼和粉末产品、超细晶硬质合金处于国内领先水平，在国际上有较强的影响力；硬质合金出口量占全国30%以上，灯用钨丝占全球市场60%以上。

三、企业经济效益分析

2016年1—3季度，厦门钨业多项经营指标如下：总资产156.9亿元，同比减少1.9%；归属于母公司股东权益65.8亿元，同比减少0.8%；营业收入56.4亿元，同比减少6.8%；净资产收益率2.3%，同比增加3.2个百分点。

表20-1　2016年1—9月厦门钨业股份有限公司财务信息

（单位：百万元）

	总资产	归属于母公司股东权益	营业收入	净资产收益率（%）
2015年1—9月	15989.7	6636.1	6054.9	—0.9
2016年1—9月	15685.9	6583.0	5643.2	2.3
2016年同比增长（%）	-1.9	-0.8	-6.8	

资料来源：厦门钨业股份有限公司季报，2016年10月。

四、企业创新能力分析

厦门钨业及其控股的子公司——金鹭公司，分别于2001年和1999年被国家科技部火炬高技术产业开发中心认定为国家火炬计划重点高新技术企业。金鹭公司的高性能钨粉、碳化钨粉系列产品关键技术及关键设备的综合开发被列入1997年国家863计划；亚微细碳化钨粉及钨粉于1999年被评为重点国家级火炬计划项目；高性能超细碳化钨粉被国家科学技术部等五部委共同批准为国家重点新产品，并获得1999年度福建省科技进步一等奖和1999年度福建省冶金行业科技进步一等奖。厦门钨业于2000年通过了国家科技部和中国科学院的高科技企业认证，即"双高认证"。

第二节　北矿磁材科技股份有限公司

一、企业基本情况

北矿磁材科技有限公司（简称"北矿磁材"）是由中央直属大型科技企业北京矿冶研究总院为主发起人，联合北京钢铁研究总院等 5 家单位共同发起设立的科技先导型有限公司，于 2000 年成立，并于 2004 年在上海证券交易所上市。北矿磁材的前身具有从事磁性材料及器件的生产和研发 40 余年的历史，是国家磁性材料工程技术研究中心的依托单位之一。产品销往全国各地以及欧、美、日等生产厂家。于 1997 年在国内行业中率先通过了 ISO9002 国际质量体系认证，并于 2000 年通过了 ISO9001 认证，近年又通过 ROSH 认证。

二、企业规模

现有员工近 600 人，工程技术人员约 200 人，其中高级以上技术职称的专家有 40 余人。主要从事磁性材料、磁器件、化工材料（危险化学品除外）、稀土、合金材料、电子陶瓷材料、电子器件、机械电子设备等的技术开发、转让、咨询和服务以及有色金属行业新技术、新工艺、新材料和新产品的开发。

三、企业经济效益分析

2016 年 1—3 季度，北矿磁材经营指标如下：总资产 7.6 亿元，同比增加 0.3%；归属于母公司股东权益 5 亿元，同比增加 4.0%；营业收入 2.2 亿元，同比减少 6.8%；净资产收益率 3.7%，同比减少 1.2 个百分点。

表 20－2　2016 年 1—9 月北矿磁材科技股份有限公司财务信息

（单位：百万元）

	总资产	归属于母公司股东权益	营业收入	净资产收益率（%）
2015 年 1—9 月	755.0	481.4	234.3	4.9
2016 年 1—9 月	757.3	500.7	218.4	3.7
2016 年同比增长（%）	0.3	4.0	－6.8	

资料来源：北矿磁材科技股份有限公司季报，2016 年 10 月。

四、企业创新能力分析

公司加速科研体制改革并加大科技投入，获得国家火炬计划项目 1 项，获得北京市高新技术成果转化项目 1 项，获得北京市科技服务业项目 1 项，获得北京市新技术新产品（服务）认定 4 项，获得中国有色金属工业科学技术奖、中国质量评价协会科技创新奖、矿冶总院科技进步奖等数个奖项。2016 年，又荣获第四届中国国际新材料产业博览会参展产品金奖、"新技术新产品 TOP100" 新型材料领域十强认证，获得北京矿冶研究总院科学技术进步奖三等奖等。

政策篇

第二十一章　2016年中国原材料工业政策环境分析

2016年，我国通过制定宏观调控政策，促进原材料工业转型升级。宏观调控政策的具体内容包括加强规划的顶层设计、着力化解过剩产能、加快国有资产优化重组、大力推进智能制造。目前尚需完善的配套政策包括转型升级的细节、智能制造的标准以及推进机制。

第一节　国家宏观调控政策促进原材料工业转型升级

一、加强规划的顶层设计

2016年，全球经济呈现缓慢复苏的发展态势，但发展动力仍显不足，总体保持稳定，在全球经济缓慢复苏和国内经济逐步企稳的背景下，我国原材料工业总体呈现稳中向好的趋势。原材料工业生产规模小幅反弹，进出口贸易稳步回稳，产品价格有涨有跌，行业经济效益有所改善。但同时化解过剩产能压力不减，节能减排任务依然较重，贸易形势依然严峻，企业经营风险较大。从长远看来，主动适应经济发展新常态，大力推进智能制造，重点化解产能过剩矛盾，不断深化管理体制改革，继续实施创新驱动战略才是原材料行业转型升级的必由之路。

作为"十三五"规划的开局之年，为更好地指导我国原材料工业的发展，《稀土行业发展规划（2016—2020年）》《石化和化学工业发展规划（2016—2020年）》《钢铁工业调整升级规划（2016—2020年）》《建材工业发展规划

（2016—2020 年）》陆续出台，进一步明确了"十三五"期间的发展目标、发展重点、发展任务等，引导原材料行业在"十三五"期间健康、持续发展。

二、着力化解过剩产能

自 2016 年 2 月起，国务院陆续发布钢铁、有色、建材等行业化解过剩产能、脱困增效的指导意见，明确要严控这些行业的新增产能，加快退出过剩产能，提高产能利用率，提高行业的整体盈利能力。但整体看来，2016 原材料工业"去产能"压力依然较人。一方面，近期钢铁、有色等市场有回暖的迹象，钢材、铜、铝等原材料价格回升，企业利润增加，导致钢铁、有色等企业"去产能"意愿减弱。另一方面，"去产能"涉及正常运营产能的关闭，牵涉到职工安置、地方税收收缴、银行坏账处理、资产处置等一系列问题，工作难度较大。

2016 年，为更好地推进原材料行业化解过剩产能工作，先后出台了《关于促进建材工业稳增长调结构增效益的指导意见》等有关文件，一是严控新增产能，继续做好对未经审核项目的认定和公告工作，及时掌握产能变化情况；二是优化存量，加快产业布局调整和企业"走出去"步伐，优化产业布局，组织符合准入规范条件企业的评价和公共工作，加强监督和动态管理；三是扩大高端应用，加强对绿色建材、高强钢筋、高性能电工钢等产品的推广应用，积极推进高品质、高性能和高附加值产品的生产和应用。

三、加快国有资产优化重组

2015 年底，国务院出台了《关于改革和完善国有资产管理体制的若干意见》（以下简称《意见》），《意见》要求推进国有资本优化重组，清理退出一批、重组整合一批、创新发展一批国有企业，建立健全优胜劣汰的市场化退出机制，加快淘汰落后产能和化解过剩产能，处置低效无效资产。

2016 年，全球经济复苏缓慢，受经济低迷、产能过剩、需求不振、环保新政等因素影响，我国原材料行业步履维艰。加快国有资产的优化重组对加快原材料行业转型升级、提质增效具有重要的意义。因此，在《意见》的指导下，原材料行业大力推进国有资产优化重组。2016 年 1 月，中国建材集团和中材集团公告重组合并；2016 年 9 月，国资委同意宝钢和武钢两大集团联合重组；2016 年 9 月 12 日，广西壮族自治区南宁市中级法院裁定广西有色金属集团终止重整程序，并宣告公司破产。通过国有资产的兼并重组和强强联合，对不良资产实行不救助、不兜底原则的执行，既有力推动了我国原材料行业的整合和集中，也加快了具有国际竞争力的世界一流企业的打造。

四、大力推进智能制造

原材料工业作为典型的流程工业，机械化、自动化、信息化并存，不同地区、不同行业、不同企业发展不平衡，发展智能制造面临关键技术装备受制于人、智能制造标准/软件/网络/信息技术安全基础薄弱、智能制造新模式尚未起步、智能化集成应用缓慢等突出没有解决。同时，企业重视程度不够、信息化投资不足、关键核心软件装备受制于人、复合型人才缺乏、公共服务平台缺失、政策标准建设滞后等问题依然突出，制约了智能制造的发展。

为加快推进原材料工业智能制造进程，工业和信息化部发布了《关于开展智能制造试点示范 2016 专项行动的通知》，从发展背景、总体思路、主要目标、重点行动、重点工作及进度安排、保障措施等六个方面进行了部署，选择有条件、有基础的重点地区、行业进行试点示范，通过试点示范，进一步提高原材料行业智能制造水平，实现运营成本的降低和产品研制周期的缩短，不断提升原材料行业的市场竞争力。

第二节　尚需完善的配套政策

一、转型升级的细节需完善

随着我国经济发展步入中高速，原材料行业转型升级的压力也越来越大，虽然国家从宏观层面一直在努力推进原材料行业的转型升级，但针对具体行业的具体问题，尚未出台细化方案。因此，要进一步明确原材料工业及细分行业转型升级的具体目标，并将指标进行细化和量化，指导各地方行业主管部门根据目标指标制定符合本地区情况的实施方案。同时还要进一步完善能源、资源、环境保护等法律法规，加强事中事后监管，对生产企业的环保、产品质量和安全生产进行监督检查，倒逼竞争乏力的企业主动退出市场，加快原材料工业转型升级步伐。

二、智能制造标准需完善

推进原材料行业智能制造是促进原材料工业转型升级的重要路径，但当前我国原材料工业智能制造发展水平参差不齐，一些基础性工作较为落后，与国外相比存在较大差距。标准是引领原材料工业智能制造水平快速提升的重要基础，但当前行业智能制造的标准工作尚处于起步阶段。因此要围绕石化、化工、钢铁、有色、建材等主要行业特点，做好标准体系研究及技术归口工作，同时要围绕产品质量控制、安全生产、节能减排、物流管理、数字化研发等，加快制定数据采集、传输、交换及接口标准等，以及产品识别、定位和可追溯通用规范。

三、退出机制尚需完善

原材料工业在化解产能过剩的进程中，势必有很多产能主动或被动退出，但目前我国原材料工业过剩产能的退出机制尚不完善，在员工安置、企业转产等各方面都存在很多欠缺的地方。因此，一是要从金融财税政策上支持，对主动退出的企业给予资金支持或补贴，或对退出企业转产其他领域的给予信贷优惠政策；二是妥善安置退出企业的员工，保障员工权益，对退出企业员工的社会保险关系的转移和接续问题做到妥善处理，对退出企业员工的再就业或再培训，参照各地标准，给予一定的社会保险或资金补贴，对于自主创业的，要给予小额贷款扶持，维护社会稳定。

第二十二章　2016 年中国原材料工业重点政策解析

2016 年，我国原材料工业制定的重点政策包括：综合性政策，如《国家创新驱动发展战略纲要》《国务院关于深化制造业与互联网融合发展的指导意见》；行业政策中，出台了一系列重要文件，编制钢铁、石化和化学工业、建材、有色金属和稀土等行业"十三五"发展规划。

第一节　综合性政策

一、《国家创新驱动发展战略纲要》

（一）政策出台背景

党的十八大提出要实施创新驱动发展战略，强调科技创新是提高社会生产力和综合国力的战略支撑，必须摆在国家发展全局的核心位置。党的十八届五中全会把创新作为五大发展理念之首。提出创新是引领发展的第一动力，必须把发展基点放在创新上，塑造更多依靠创新驱动、更多发挥先发优势的引领型发展。习近平总书记多次对实施创新驱动发展战略做出系统阐述，强调要把创新驱动发展作为面向未来的一项重大战略，抓好顶层设计和任务落实，找准世界科技发展趋势，找准我国科技发展现状和应走的路径，提出切实可行的发展方向、目标、工作重点。李克强总理多次强调，要依靠创新驱动，推动经济保持中高速增长、迈向中高端水平。

（二）政策主要内容

《纲要》的六大部分及其主要内容：

第一部分是"战略背景"。《纲要》提出，创新驱动发展是立足全局、面向全球、聚焦关键、带动整体的国家重大战略，是加快推进社会主义现代化、实现中华民族伟大复兴的必由之路。《纲要》从"国家命运所系""世界大势所趋""发展形势所迫"三个方面分析了战略实施的重大意义，强调创新驱动既是应对我国当前经济发展困境的必然之策，更是为长远发展打造持续动力的根本之道，是必须长久坚持的战略。

第二部分是"战略要求"。《纲要》提出，要按照"四个全面"的战略布局，把创新驱动发展作为国家的优先战略，以科技创新为核心带动全面创新，以体制机制改革激发创新活力，以高效率的创新体系支撑高水平的创新型国家建设。同时提出了"紧扣发展""深化改革""强化激励""扩大开放"四项基本原则。

在"战略目标"方面，《纲要》按照2020年、2030年、2050年三个阶段进行了部署，每个阶段的目标都与我国现代化建设"三步走"的目标相互呼应、提供支撑。

第一步，到2020年进入创新型国家行列，有力支撑全面建成小康社会目标的实现；

第二步，到2030年跻身创新型国家前列，为建成经济强国和共同富裕社会奠定坚实基础；

第三步，到2050年建成世界科技创新强国，为我国建成富强民主文明和谐的社会主义现代化国家、实现中华民族伟大复兴中国梦提供强大支撑。

第三部分是"战略部署"。《纲要》提出，实施创新驱动发展战略要按照"坚持双轮驱动、构建一个体系、推动六大转变"进行布局。《纲要》在谋篇布局时突出强调了以科技创新为核心的全面创新，提出要以科技创新带动和促进管理创新、组织创新和商业模式创新等全面创新，以科技要素集成其他要素，走出一条创新发展新路子。

"双轮驱动"就是科技创新和体制机制创新两个轮子同步发力，"一个体系"就是建设国家创新体系，"六个转变"就是在发展方式、发展要素、产业分工、创新能力、资源配置、创新群体等方面实现根本转变。

第四部分"战略任务"和第五部分"保障措施"是《纲要》的主体部分。在创新布局上，从科技创新、产业创新、区域创新、组织创新、军民协同创新、大众创新等方面进行了系统部署，在任务部署上，既对发展的任务作出了安排，又对长远的制度创新进行了设计。

在战略任务方面，《纲要》按照习近平总书记"面向世界科技前沿、面向国家重大需求、面向国民经济主战场"的要求，从创新能力、人才队伍、主体布局、协同创新、全社会创新等方面提出了8个方面的任务。

《纲要》的一大亮点是对产业技术体系进行了系统部署，提出要加快构建结构合理、先进管用、开放兼容、自主可控、具有国际竞争力的现代产业技术体系，以技术的群体性突破支撑引领新兴产业集群发展，促进经济转型升级。具体明确了9个重点领域的技术发展方向，包括信息、智能制造、现代农业、现代能源、生态环保、海洋和空间、新型城镇化、人口健康、现代服务业等，这些是今后要集中攻关的重点。同时，《纲要》提出要发展引领产业变革的颠覆性技术，不断催生新产业、创造新就业。

在保障措施方面，《纲要》提出要围绕建设高效率的国家创新体系，深化体制机制改革、营造良好创新生态环境，为战略实施提供保障。具体从改革创新治理体系、增加创新投入、推进开放创新、完善评价制度、实施知识产权标准和品牌战略、培育创新友好的社会环境等6个方面提出了保障措施。

（三）政策影响

《纲要》是落实习近平总书记系列重要讲话精神和党的十八届五中全会提出的创新发展理念的具体行动，是对创新驱动发展战略进行的顶层设计和系统谋划。《纲要》明确了未来30年创新驱动发展的目标、方向和重点任务，是新时期推进创新工作的纲领性文件，是建设创新型国家的行动指南，具有非常重大的现实意义和深远的历史意义。

二、《国务院关于深化制造业与互联网融合发展的指导意见》

（一）政策出台背景

2015年，国务院下发了《中国制造2025》，提出坚持"创新驱动、质量为先、绿色发展、结构优化、人才为本"的基本方针，坚持"市场主导、政府引导，立足当前、着眼长远，整体推进、重点突破，自主发展、开放合作"的基本原则，通过"三步走"实现制造强国的战略目标，是指导我国制造业中长期发展的一个重要的纲领性文件。随后，国务院又下发了《关于积极推进"互联网＋"行动的指导意见》，围绕转型升级任务迫切、融合创新特点明显、人民群众最关心的领域，提出了 11 个具体行动。

我国是制造业大国，也是互联网大国，已具备了推进"互联网＋制造"的现实基础，部署深化制造业与互联网融合发展，协同推进"中国制造2025"和"互联网＋"行动，对于我国激发"双创"活力、加快经济转型、转变发展方式，加快制造强国建设具有重要的现实意义。2016 年《政府工作报告》对推进"中国制造＋互联网"作出具体部署。5 月 4 日，李克强总理在国务院常务会议上指出，"互联网＋"是对"中国制造2025"的重要支撑，要推动制造业与互联网的融合发展。

（二）政策主要内容

《指导意见》提出的主要目标是：到 2018 年底，制造业重点行业骨干企业互联网"双创"平台普及率达到80％，相比 2015 年底，工业云企业用户翻一番，新产品研发周期缩短 12％，库存周转率提高 25％，能源利用率提高5％。到 2025 年，力争实现制造业与互联网融合"双创"体系基本完备，融合发展新模式广泛普及，新型制造体系基本形成，制造业综合竞争实力大幅提升。

《指导意见》明确了 7 项主要任务，包括：打造制造企业互联网"双创"平台，推动互联网企业构建制造业"双创"服务体系，支持制造企业与互联网企业跨界融合，培育制造业与互联网融合新模式，强化融合发展基础支撑，提升融合发展系统解决方案能力，提高工业信息系统安全水平。针对《指导意见》的主要内容，国家工信部辛国斌副部长总结为：

围绕一条主线。即以激发制造企业创新活力、发展潜力和转型动力为主线。

打造两个平台。即构建基于互联网的大型制造企业"双创"平台和为中小企业服务的第三方"双创"服务平台，营造大中小企业协同共进的"双创"新生态。

培育三个模式。即支持鼓励制造企业与互联网企业开展多种形式的跨界合作、融合发展，积极培育网络化协同制造、个性化定制、服务型制造等网络化生产新模式，增强制造企业创新活力和转型动力。

增强三个能力。即增强支撑制造业与互联网融合发展的基础技术、解决方案、安全保障等能力，夯实融合发展基础，激发制造业发展新动能。

落实七项政策。即在体制机制、国企改革、财政资金、税收金融、用地用房、人才培养、国际合作等方面加强政策引导和措施保障。

（三）政策影响

制造业是国民经济的主体，互联网日益成为驱动产业变革的主导力量，推动制造业与互联网融合，是深化结构性改革尤其是供给侧结构性改革，发展新经济，加快"中国制造"提质增效升级的重要举措。我国是制造业大国，也是互联网大国，推动制造业与互联网融合，有利于形成叠加效应、聚合效应、倍增效应，有利于激发"双创"活力、培育新模式新业态，有利于加快新旧发展动能、新旧生产体系的转换。因此，国务院在推进"中国制造2025"和"互联网＋"两项重大战略的关键时期出台了《指导意见》，可以说既是两项重大战略的有机结合，又是有益补充和政策延伸。三个文件一起构成了我国打造制造业强国的政策体系。

第二节　行业政策

一、出台一系列重要文件

原材料行业是国民经济的重要基础产业，进入21世纪以来，原材料工业保持快速增长，产业规模不断扩大，国际竞争力日益增强。但近年来，面对我国经济发展进入新常态以及发展动能的转换，原材料行业长期积累的结构性矛盾日益凸显。主要产品产能过剩、部分生产消费升级需要的产品缺乏，行业增速放缓效益下降。2016年是"十三五"开局之年，针对原材料行业经济下行压力加大态势，陆续出台了一系列重要文件，实施稳增长调结构增效益，加快原材料行业转型升级。

表22－1　2016年原材料行业出台的重要文件列表

规划名称	发布时间	发布机构
《钢铁行业化解过剩产能实现脱困发展的意见》	2016.2	国务院
《建材工业鼓励推广应用的技术和产品目录（2016—2017年本）》	2016.3	工信部
《下达2016年第一批稀土生产总量控制计划》	2016.3	工信部
《促进建材工业稳增长调结构增效益的指导意见》	2016.5	国务院办公厅
《营造良好市场环境促进有色金属工业调结构促转型增效益的指导意见》	2016.6	国务院办公厅
《稀土行业规范条件（2016年本）》和《稀土行业规范条件公告管理办法》	2016.6	工信部

资料来源：工信部赛迪智库根据公开资料整理。

二、编制"十三五"行业发展规划

党的十八大以来，我国的发展进入了一个新阶段，2016年是"十三五"的开局之年，我国经济发展也进入一个新阶段，机遇和挑战并存。"十三五"发展规划对于准确预测宏观形势和发展前景，科学制定应对复杂形势的思路措施，对于及时抢抓重大发展机遇，保持原材料行业健康可持续发展有着极其重要的指导意义。

表22－2　原材料行业"十三五"规划列表

规划名称	发布时间
《石化和化学工业发展规划（2016—2020年）》	2016.10
《稀土行业发展规划（2016—2020年）》	2016.10
《建材工业发展规划（2016—2020年）》	2016.10
《钢铁工业调整升级规划（2016—2020年）》	2016.11
《新材料产业发展指南》	2017.1

资料来源：工信部赛迪智库根据公开资料整理。

第三节　行业性政策解析

一、《钢铁工业调整升级规划（2016—2020 年)》

(一) 政策出台背景

钢铁工业作为国民经济的重要基础产业，在"十二五"期间取得了重要进步，支撑经济快速发展、品种丰富质量提升、技术装备水平大幅提升、节能减排成效显著、产业布局日趋完善，两化融合水平明显提升、资源取得新进展。与此同时，钢铁行业也面临着产能过剩矛盾难以化解、创新能力不足、环境约束不断增强、企业经营困难等问题，尤其在"十三五"期间，随着我国经济步入新常态，钢铁行业面临的发展方式发生重大变化，将进入结构调整、转型升级为主的发展阶段。该规划作为未来五年我国钢铁工业的指导性文件，紧紧围绕"调整升级"这一主线，积极适应、把握、引领经济发展新常态，落实供给侧结构性改革，以化解过剩产能为主攻方向，坚持结构调整、创新驱动、绿色发展、质量为先、开放发展，努力提高我国钢铁工业发展质量和效益。

(二) 政策主要内容

《规划》共提出了十项重点任务。

一是积极稳妥去产能去杠杆。为使去产能任务切实达到预期效果，《规划》提出要坚持市场倒逼、企业主体、地方组织、中央支持的原则，突出重点、依法依规，综合运用市场机制、经济手段和法治办法，重点做好严禁新增产能、依法依规去产能、推动"僵尸企业"应退尽退三方面工作。去杠杆则重点做好降低企业资产负债率，提升发展效益。

二是完善钢铁布局调整格局。沿海地区立足现有沿海基地实施组团发展、提质增效，不再布局新的沿海基地；内陆地区立足现有龙头企业实施整合脱困发展，坚决退出缺乏竞争力的企业。

三是提高自主创新能力。重点通过建设国家级创新平台，突破关键技术；

推动试点示范，支持示范基地建设；鼓励企业与研发机构、设计单位、下游用户协同创新。

四是提升钢铁有效供给水平。立足市场需求，加强供给侧改革，通过推动服务型制造、提升质量水平和加强品牌建设等方面有效提升供给水平。

五是发展智能制造。加快推进钢铁制造信息化、数字化与制造技术融合发展，夯实智能制造基础；在全行业推进智能制造新模式行动，总结可推广、可复制经验。

六是推进绿色制造。从工艺、技术、装备等方面，对现有生产线实施绿色节能改造，推进资源综合利用产业规范化、规模化发展，大力发展循环经济；加快绿色产品推广应用，引导绿色消费。

七是促进兼并重组。深化混合所有制改革，加大国有企业改革力度，推动行业龙头企业实施跨行业、跨地区、跨所有制兼并重组。

八是深化对外开放。发挥我国钢铁工业比较优势，顺应国际产业分工调整趋势，推动钢铁企业深化国际产能合作；加大对外开放力度，提高吸引外资的水平和档次，推进贸易优化升级。

九是增强铁矿资源保障能力。利用国内国外两种资源，构建我国铁矿石供给保障新格局。

十是营造公平竞争环境。严格环保、质量、能效、安全生产、逃税漏税等执法，加强事中事后监管；发挥行业组织作用，推进行业有效自律。

（三）政策影响

《规划》是在我国经济结构、发展模式发生变化，以及党中央、国务院供给侧结构性改革重大布局的大背景下产生的，是落实国家的重大布局和安排的延伸，也是对钢铁产业深化结构调整和转型升级的进一步指导，能够提纲挈领地引领钢铁产业的健康发展。

二、《石化和化学工业发展规划（2016—2020年）》

（一）政策出台背景

石化和化学工业是国民经济的重要支柱产业。"十三五"时期（2016—2020年）是我国全面建成小康社会最后冲刺的五年，也是石化和化学工业加快转型升级、我国由石化工业大国向强国迈进的关键时期，"十三五"规划是行业在经济新常态下编制的第一个五年规划，编制出台《石化和化学工业发展规划（2016—2020年)》（以下简称《规划》），作为"十三五"时期石化和化学工业发展的指导性文件，对于石化和化学工业贯彻落实《国民经济和社会发展第十三个五年规划纲要》（以下简称"十三五"规划纲要）、《中国制造2025》等文件，推动石化和化学工业由大变强，促进行业持续科学健康发展有着重要的意义。

（二）政策主要内容

为实现石化和化学工业"十三五"发展目标，共制定八项重点任务。

一是实施创新驱动战略。加强产学研结合，通过建立创新平台、互联网"双创"平台等，着力突破一批关键共性技术和成套设备，营造"大众创业、万众创新"的良好社会氛围。

二是促进传统行业转型升级。严格控制过剩行业新增产能，推动落后和低效产能退出，改造提升现有生产装置，开拓传统产品应用消费领域，重点发展现代生产性服务业。

三是发展化工新材料。加快开发高性能碳纤维及复合材料、特种橡胶、石墨烯等高端产品，发展用于水处理、传统工艺改造以及新能源用功能性膜材料。重点开发新型生物基增塑剂和可降解高分子材料。

四是促进两化深度融合。推进智能工厂和智慧化工园区试点示范，培育石化和化学工业与互联网融合发展新模式。

五是强化危化品安全管理。优化危险化学品规划与布局，淘汰高风险产品及工艺，建立全产业链的危险化学品安全监管综合信息平台。

六是规范化工园区建设。科学布局化工园区，建立化工园区规范建设评价标准体系，支持化工园区开展智慧化工园区试点。

七是推进重大项目建设。有序推进七大石化产业基地及重大项目建设，增强烯烃、芳烃等基础产品保障能力。

八是扩大国际合作。支持国内企业参与海外资源的勘探与开发，鼓励骨干企业通过投资、并购、重组等方式获得化工新材料和高端专用化学品生产技术，加快国内优势产能与"一带一路"沿线国家的合作，加快工程服务输出。

（三）政策影响

"十三五"期间，我国经济发展正处于增速换挡、结构调整、动能转换的关键时期，石化和化学工业进入新的增长动力孕育和传统增长动力减弱并存的转型阶段，行业发展的安全环保压力和要素成本约束日益突出，供给侧结构性改革、提质增效、绿色可持续发展任务艰巨。《石化和化学工业发展规划（2016—2020年）》的发布，将在提升产品保障能力、推进产业结构调整、提升自主创新能力、强化绿色节能减排、推进国际产能合作等方面产生积极的影响，助推石化和化学工业转型升级。

三、《建材工业发展规划（2016—2020年）》

（一）政策出台背景

建材工业是国民经济重要基础产业，"十三五"正处于转型升级、由大变强的关键时期，机遇和挑战并存。新型工业化、信息化、城镇化、农业现代化的同步推进，为建材工业提供了持续中高速增长空间；需求结构变化和有效供给不足，迫使建材工业优化调整产业体系；生态文明建设不断推进，倒逼建材工业转变发展方式、转换发展动能；推进国际产能合作，要求建材工业加快培育竞争新优势。面对机遇和挑战，建材工业必须加快转型升级步伐，加速优化产业体系，拓展发展空间。《建材工业发展规划（2016—2020年）》（以下简称《规划》）是推进建材工业转型升级，加快由大变强进程，指导行业健康可持续发展的重要文件。

（二）政策主要内容

为落实《规划》拟定的主要发展目标，结合建材工业实际，明确了建材工业必须坚持的转型发展、创新发展、绿色发展、融合发展、开放发展五个原则，并依据这些原则，把主要发展目标进行合理细化，分解融入具体任务和行动之中，《规划》共提出了五项重点任务。

一是加快结构优化。旨在促进产业转型，着力构建产业新体系，包括改造提升传统产业、壮大建材新兴产业、发展生产性服务业、培育区域特色产业等4个行动。

二是强化协同创新。旨在引导产业由单一提供产品向提供服务和整体解决方案转变，包括加强技术创新、完善标准规范、创新业态和模式等 3 个行动。

三是推动绿色发展。旨在实现从生产、应用到回收全产业链的绿色发展，促进建材工业向绿色功能产业转变，包括推广绿色建材、加强清洁生产、发展循环经济、强化低碳发展等 4 个行动。

四是促进融合发展。旨在以融合促产业转型，包括深化两化融合、加快产业融合、强化军民融合等 3 个行动。

五是推进国际合作。旨在统筹利用两个市场、两种资源，结合实施"一带一路"倡议，将"引进来"和"走出去"更好结合，形成新的比较优势，包括深化技术服务、扩大资本合作、拓宽合作途径等 3 个行动。

（三）政策影响

《规划》是指导"十三五"期间建材工业发展的重要文件，一是引领性强。在遵循行业发展内在规律的基础上，提出针对性强、前瞻性的发展目标，发挥引领指导作用，引导发展要素在业内合理流动。二是推进产业结构调整。面临传统行业过剩矛盾突出，新兴产业发展不足的矛盾，竭力截长补短，扩大有效供给，统筹小类、品种间协调发展，着力构建产业新体系。三是优化供给结构。着眼供给侧和需求侧双向发力，深化产业融合，着眼新供给激发新消费、新需求拉动新供给"双轮驱动"，促进"十三五"期间建材产业健康、可持续发展。

四、《有色金属工业发展规划（2016—2020 年）》

（一）政策出台背景

有色金属工业是制造业的重要基础产业之一，是实现制造强国的重要支撑，"十二五"期间，我国有色金属工业基本保持平稳发展态势，但也存在技术创新能力不足、结构性矛盾依然突出、环境保护压力加大、资源保障基础薄弱等问题。"十三五"期间，有色金属工业面临产业需求增速放缓、高端需求潜力巨大、资源环境约束更为突出等机遇与挑战，发展方式将发展深刻变化，有色金属工业必须坚持创新、协调、绿色、开放、共享发展理念，加速产业结构调整和发展方式转变，《有色金属工业发展规划（2016—2020 年）》（以下简称《规划》）是指导"十三五"期间有色金属行业健康可持续发展的重要文件。

（二）政策主要内容

为落实《规划》拟定的主要发展目标，结合有色金属工业实际，提出八项重点任务。

一是实施创新驱动。将技术创新、机制创新和模式创新的理念贯穿于行业发展的各领域，在技术创新方面，设立"技术创新"专栏，明确主要品种的精深加工技术、绿色冶金技术、资源开发及综合利用技术、重金属污染防治技术等创新重点；明确智能检测分析、矿山采选及冶炼加工智能控制等发展重点，建设数字化矿山，推进智能工厂示范。

二是加快产业结构调整。从优化产业布局、严控冶炼产能扩张、加快传统产业升级改造、促进低效产能退出、推进企业兼并重组、强化企业内部管理等六方面重点加强产业结构调整。

三是大力发展高端材料。着力发展高性能轻合金材料、有色金属电子材料、有色金属新能源材料、稀有金属深加工材料等，提升材料质量的均一性，降低成本，提高中高端有效供给能力和水平。

四是促进绿色可持续发展。从强化科技创新、实施绿色制造和加强重金属污染防治等三个方面重点推进，提出低成本、短流程冶炼技术，重金属污染防治以及资源综合利用等技术创新重点；推广节能减排技术，改进锑等冶炼工艺、完善再生金属回收体系并提高保级利用水平；严禁在环境敏感区域、重金属及大气污染防治重点区域增加重金属企业产能，确保重金属污染物稳定、达标排放。

五是提高资源供给能力。围绕国家找矿突破行动，提高国内矿产资源勘探力度；统筹利用国内外两种资源，支持有实力的企业集团或联合体有序开展境内外资源勘探、开发和合作，构建多元化的矿产资源供应体系。

六是推进两化深度融合。突破智能制造技术、加强智能平台建设、开展智能制造试点示范、制定标准及开展贯标试点等四个方面重点加强。

七是积极拓展应用领域。针对下游应用及消费升级需求，扩大高性能轻合金材料、高性能铜及铜合金材料、高纯稀有稀贵金属材料、高纯多晶硅及电子气体等应用领域。

八是深化国际合作。一方面坚持"走出去",利用国际矿业市场波动和产能合作机遇,积极参与国际有色金属材料、智能制造等科技合作;另一方面做好"引进来",鼓励境外有色金属新材料、智能制造企业在国内设立研发和生产基地,引进先进的人才、技术和管理模式,推动国内企业与国际先进企业全面对标,提高对外合作水平。

(三)政策影响

随着《有色金属工业发展规划(2016—2020年)》的发布,将从增强自主创新能力、提高有效供给能力、实现可持续发展、加深与新一代信息技术融合、形成开放式发展格局等多个方面影响"十三五"期间有色金属工业发展,实现2020年初步建成有色金属工业强国的目标。

五、《稀土行业发展规划(2016—2020年)》

(一)政策出台背景

"十三五"时期是我国稀土行业转型升级、提质增效的关键时期。从宏观形势上看,随着世界科技革命和产业变革的不断深化,稀土战略价值将进一步凸显,我国稀土产业发展既面临先进国家在专利技术、人才资金等方面的竞争压力,又将迎来战略性新兴产业发展和传统工业转型升级而带来的重大发展机遇。从应用需求看,可持续发展战略、《中国制造2025》等为稀土行业发展创造了新空间,稀土材料的应用前景极为广阔,轨道交通、新能源汽车、电子信息等领域的市场需求可进一步大幅增加,稀土产品应用量的增长将带动稀土行业保持中高速发展,在此背景下,《稀土行业发展规划(2016—2020年)》(以下简称《规划》)出台,将促进稀土行业可持续发展,推动产业整体迈入中高端。

(二)政策主要内容

一是强化资源和生态保护,促进可持续发展。合理调控稀土开采、生产总量,保障国家经济可持续发展需求;严格执行污染物排放标准,建立绿色开发机制；健全国家储备与企业储备互为补充的稀土产品储备体系；加强中重稀土开采、生产、流通等环节监控，坚决打击稀土开采、生产、流通等环节的违法违规行为。

二是支持创新体系和能力建设，培育行业新动能。瞄准《中国制造2025》、战略性新兴产业等国家战略需求，完善创新体系，建设稀土创新中心和服务平台，加强知识产权和标准体系建设，打破海外知识产权壁垒，支持稀土功能材料机理研究和基因库建设，引领未来稀土功能新材料及绿色制备关键技术。

三是推动集约化和高端化发展，调整优化结构。继续实施大集团战略，实现稀土矿山开采、冶炼分离和资源综合利用的集约化生产；促进稀土材料高值利用，提升关键材料和零部件保障能力，培育稀土在工业机器人、高档数控机床、轨道交通、海洋工程等重点领域的应用。

四是加快绿色化和智能化转型，构建循环经济。提高企业环保水平，降低能耗物耗；加强尾矿、伴生资源综合利用，提高资源综合利用率；加快智能化改造，建设数字化矿山和智能工厂；拓展镧铈钇等高丰度元素在工业节能、环保等领域的应用，发展铽镝减量和镨钕替代技术，开发低成本稀土永磁材料。

五是推动利用境外资源，加强国际合作。支持稀土企业"走出去"，合作开发境外资源及产品深加工；鼓励企业与境外新材料企业和技术研发机构合作，提升国际化运营能力；促进中国标准"走出去"，实现稀土国内标准与国际标准对接。

六是打造新价值链，实现互利共赢。靠近稀土资源地发展精深加工，促进资源地革命老区、贫困地区的脱贫攻坚；建立新的价值链，扩大稀土在节能、环保和家电等下游领域的应用，实现上下游利益共享、协同发展；开展军民两用稀土新材料的研制和生产，推动稀土新材料领域军民资源共享。

（三）政策影响

《规划》全面总结了"十二五"期间，尤其是《国务院关于促进稀土行业持续健康发展的若干意见》（以下简称"若干意见"）发布以来，稀土行业在资源保护、产业升级、应用发展、科技创新、体系建设等方面取得的积极进展，深入分析了当前行业发展仍存在的突出问题和面临的新形势。"十三五"将以创新、协调、绿色、开放、共享的新发展理念为发展主线，以《中国制造2025》国家战略的实施为契机，在继续落实好《意见》文件要求的基础上，重点围绕与稀土产业关联度高的《中国制造2025》十大重点领域，大力发展稀土高端应用，加快稀土产业转型升级，推进稀土供给侧结构性改革，促进我国稀土行业适应、把握和引领经济新常态，实现可持续健康发展。

热 点 篇

第二十三章　石化和化工行业启动碳排放基准值制定

石化化工行业是能源资源消耗高和污染物排放大的重点行业，将发展方式转变到内生增长、创新驱动，进一步提高能源利用效率，降低污染物排放，是 2016 年石化化工行业绿色发展的方向。在这一背景下，中国石油和化学工业联合会组织制定石化和化工行业重点产品碳排放基准值，将更好地推进企业参与后期碳排放交易，促进企业发展低碳技术，降低碳排放。

第一节　背景意义

2017 年将启动全国碳排放权交易市场，石化和化工行业 2389 家企业将纳入第一阶段涵盖的重点行业，这些企业年二氧化碳排放量累计占石化和化工行业排放总量的 65%—70%，由于石化和化工行业涉及的产品多、范围广、影响大，碳排放基准值牵涉到是否有利于科学、公平、合理的碳减排方案制定，配额分配方案是政府、企业、市场各参与方关注的焦点。2016 年 8 月，石化和化工行业重点产品碳排放基准值制定研究工作计划启动会在北京召开，由中国石油和化学工业联合会组织，为制定合理配额和更好地推进业内企业参与后期碳排放交易打基础。

第二节　重点内容

石油和化学工业联合会设立领导小组、专家咨询组和工作团队，吸收碳排放、标准、计量等多领域专家，对炼油、精对苯二甲酸、芳烃、乙烯、乙二醇等 18—20 个重点产品，初步形成碳排放基准值制定研究报告，包括基准值及其核算方法、边界及相关折算系数确定，并对基准值研究编制进行说明，准备征求相关方意见，做到全面、准确后，再对全社会公布，作为基准值对象，最终制定石油和化工行业能耗限额国家标准。

第三节　事件影响

石化和化工行业以能效高标准作为基准，通过重点产品碳排放基准值制定，为合理配额制定打好基础，将更好地推进企业参与后期碳排放交易，促进企业发展低碳技术，降低碳排放，同时参与市场交易实现碳资产增值，更好地发挥市场机制作用以较低成本完成节能减碳的绿色发展目标。

第二十四章　宝武合并

国家重点支持钢铁行业强强联合，实现战略性重组。2016 年，宝钢和武钢两大集团联合重组形成全球第二、我国第一的钢铁巨人。这一强强联合，可以有效化解过剩产能，促进行业供给侧改革，提升国际竞争力。

第一节　背景意义

国际金融危机以来，受经济低迷、产能过剩、需求疲软、竞争加剧和环保新政等因素影响，我国钢铁行业步履维艰。面对经济下行压力和出口、就业、环保压力，钢铁行业化解过剩产能等困难，实现提质增效。2015 年，工信部发布了《钢铁产业调整政策》，明确支持优势钢铁企业强强联合，实施战略性重组，到 2025 年形成 3—5 家在全球有较强竞争力的超大钢铁集团。2016 年 9 月，国资委同意宝钢和武钢两大集团联合重组，作为全球钢铁行业排名第五、第十一位的企业，二者联合重组后将成为全球第二、我国第一的钢铁巨人，宝钢和武钢强强联合将有效化解过剩产能和实现提质增效，极大提升我国钢铁行业国际竞争力，为我国原材料工业供给侧结构性改革提供借鉴和示范。

第二节　重点内容

武钢是新中国成立后建设的第一家特大型钢铁企业，宝钢是我国改革开放后建设的第一家现代化特大型钢铁企业。2015 年，宝钢、武钢粗钢产量分别达到 3493.8 万吨和 2577.6 万吨，全球排名第五和第十一位。2016 年 6 月开始，双方就重组事项进行筹划和论证，并与相关部门进行沟通，双方洽谈合并整合方案，国资委于8月底通过重组方案，9月初上报国务院。9月底国资委同意了宝钢与武钢联合重组方案，武钢整体无偿划入宝钢，成为全资子公司，将新的企业更名为中国宝武钢铁集团有限公司。

为有效提升核心竞争力，合并后的中国宝武钢铁还需做好后续实质性整合，构建新集团的产权结构、战略定位、资产组合、管控模式、经营运行、企业文化融合等，优化现有产业布局，退出缺乏市场竞争力、没有发展前景的无效、低效资产，妥善安排富余人员，审慎规划产品开发，对创新方向做出前瞻性判断，这都是中国宝武钢铁集团亟待解决的问题。

第三节　事件影响

宝钢和武钢合并为宝武钢铁集团，有利于提高企业市场占有率、整合资源、控制成本、技术创新等，形成多样化的产品结构和多层次的产业布局，整合钢铁行业国内沿海沿江战略布局，多角度、体系化发挥钢铁主业区位优势，有序布局中国和全球市场，大幅提升行业集中度。

第二十五章　广西有色宣布破产

2016 年，有色金属行业的广西有色金属集团有限公司宣布破产。这是首例由国内银行间市场债券发行人而破产清算的企业，作为国有企业宣布破产，也表明了中央对地方债务坚决实行不救助、不兜底的原则。

第一节　背景意义

2015 年以来，受全球经济增速放缓、美元走强导致大宗商品价格低迷的影响，我国有色金属企业陷入经营困境，产能结构性过剩，企业长期低效落后运行，企业债务高企，有色行业频现违约破产风险。统计数据显示，2016 年 108 家有色上市公司中，14 家企业的资产负债率超过 70%，2 家企业超过 90%。2016 年 9 月 12 日，南宁市中级法院裁决广西有色金属集团终止重整程序，宣告公司破产，这是首例由国内银行间市场债券发行人而破产清算的企业。

第二节　重点内容

广西有色金属集团有限公司（以下简称"广西有色"）成立于 2008 年，是广西唯一一家集科工技贸于一体的大型国有有色企业，业务涵盖矿产资源勘探、采矿、选矿、冶炼、深加工及科研、贸易、建筑施工、资产运营等。广西有色矿产资源资产储量丰富，拥有锡金属资源量 44 万吨，居全国第 2 位，拥有锌金属资源量 514 万吨，居全国第 6 位，拥有锑金属资源量 32 万吨，居全国第 3 位，拥有铟金属资源量 3065 吨，居全国第 1 位，广西有色的矿产资源的总价值超过 5000 亿元。广西有色曾经作为地方政府的融资平台，但在 2011 年被调整出。

广西有色 2012 年发行第一期中票"12 桂有色 MTN1"，总发行额 13 亿元，2013 年公司发行"13 桂有色 PPN001"，发行总额 5 亿元人民币，2014 年公司发行"14 桂有色 PPN003"。2015 年，广西有色公告应于 2015 年 6 月兑付的"桂有色 MTN1"出现不确定性；2015 年 11 月，公司非公开定向债务融资工具"14 桂有色 PPN003"出现违约。2016 年 2 月，广西有色在上海清算所发布公告，称因为公司连续亏损而资不抵债，生产经营基本陷入停顿，面临着多起法律诉讼，主要资产已经被多家金融机构申请保全或冻结。2016 年 3 月举行的广西有色第一次债权人会议上，管理人宣布，公司进入 6 个月破产重整期限。2016 年 9 月，6 个月破产重整期限已满，南宁市中级法院宣告终止重整程序，广西有色宣告破产。

根据法律规定，进入破产清算后，广西有色资产将被依法拍卖，所得按照职工工资及补偿金、破产人所欠税款、普通债权等顺序进行清偿。按照目前管理人意见，公司破产清算将不会提供职工安置，统一走清算补偿流程。

第三节　事件影响

虽然广西有色在 2011 年调整为调出类平台，但作为地方融资平台，此次破产事件，标志着地方债务中央实行不救助、不兜底原则的执行，也标志有色行业在经济新常态下加快供给侧结构性改革，扭转经营恶化，提升企业效益，实现自我造血能力刻不容缓，同时也需要实施有效企业债务重组，包括债转股、债务延期等方式，减轻企业经营压力。

第二十六章 中建材和中材重组合并

从 2015 年起，国家开始推动重点龙头企业实施兼并重组。2016 年，中建材和中材两大集团联合重组形成全球第二、我国第一的建材集团。这一强强联合，可以有效实现业务重组、加快化解过剩产能、促进行业供给侧改革、提升国际竞争力，扩大海外市场，全面有效推进建材行业的"走出去"。

第一节 背景意义

2015 年开始央企整合的步伐加快，通过集团层面兼并重组、强强联合，国企改革明显再次提速；以行业龙头企业为依托专业化重组，强化同质化业务和细分行业整合。2016 年 1 月，中国建材集团和中材集团公告宣布重组合并，作为国内第一大和第二大建材集团，两者在水泥、玻璃纤维等多个业务板块具有重合之处，兼并重组被看作是推进供给侧改革，加快去产能的重要途径，中建材集团和中材集团的战略重组必将加快两者旗下水泥板块的整合，也将大大加快国内水泥行业的去产能步伐。同时，中国建筑材料集团有限公司擅长水泥、玻璃、轻质建材、玻璃纤维等建筑材料，而中国中材擅长非金属材料制造业、非金属材料技术装备与工程业、非金属矿业，通过业务重组，两大集团优势互补，可以有效提高综合竞争实力。

第二节 重点内容

中国建材集团是 1984 年经国务院批准设立，是国资委直接监督管理的中央企业，集科研、制造、流通于一体，是中国最大的综合性建材产业集团，业务包括水泥、轻质建材、玻璃纤维及复合材料、工程服务，是世界最大的水泥、石膏板、玻璃纤维生产商。中国中材集团则成立于 1983 年，是国资委直接监督管理的中央企业，是一家科技型、产业型、国际型企业集团，在非金属材料业拥有系列核心技术和完整创新体系，业务涉及非金属材料制造业、非金属材料技术装备与工程业、非金属矿业，拥有玻璃纤维、复合材料、人工晶体、工业陶瓷、新型干法水泥生产工艺及装备、非金属矿深加工工艺与装备等核心技术。落实国务院办公厅印发的《关于推动中央企业结构调整与重组的指导意见》，中建材集团和中材集团的战略重组实现央企强强联合、央企间专业化整合、央企内部资源整合以及央企并购重组，这次总资产超 5000亿元的央企重组，标志着优势企业通过市场主导在行业协调等方面起重要作用，更为合理促进水泥行业有序发展，加速产业低端环节的退出。

第三节 事件影响

在中建材和中材重组合并的推动下，通过集团层面的兼并重组和强强联合，强化同质化业务和细分行业整合，既有力推动我国水泥、平板玻璃等产能过剩行业的整合和集中，也加快了国际竞争力的世界一流企业的打造，有利于完善建材行业海外装备、工程、制造、仓储、物流服务体系，开展国际工程建设，深度参与国际竞争和全球产业分工，扩大企业的海外市场，构建中国特色的开放型经济新格局。

第二十七章　稀土产品追溯体系建立

稀土违法违规治理一直是稀土行业管理的重点。为进一步加强对非法稀土的监管，2016 年，国家建立了稀土产品质量追溯体系。通过建立这一追溯体系，稀土管理部门可以倒查市场上稀土产品来源，建立常态化稀土违法违规线索调查取证工作机制，斩断稀土黑利益链，为保护稀土资源提供重要支撑。

第一节　背景意义

2016 年，为贯彻国务院办公厅《关于加快推进重要产品追溯体系建设的意见》，稀土产品追溯体系建设工作加快。通过稀土质量追溯体系，既加强了稀土企业管理质量，减少产品维护成本，方便企业收集产品信息和了解消费趋势，提高快速市场响应能力。同时，在稀土生产领域，随着市场产品投入的不断累积、增加，产品质量追溯的准确性和效率问题日益突出，迫切需要建立一套完善的产品质量追溯系统，来提高生产管理和运营效率。

第二节　重点内容

2015 年 1 月，工业和信息化信部公布《原材料工业两化深度融合推进计划（2015—2018 年）》，提出要依托重点单位建设稀土产品追溯系统。2016 年 1 月，在国务院办公厅印发的《关于加快推进重要产品追溯体系建设的意见》中，对稀土产品追溯体系建设工作提出政策方向。2016 年 8 月，工业和信息化信部原材料工业司相关领导在中国·包头稀土产业（国际）论坛上表示，我国将通过实施稀土产品追溯体系追查稀土产品来源，斩断黑稀土利益链条。2017年1月，包头市人民政府与内蒙古自治区质量技术监督局签署战略合作备忘录，明确提出由国家稀土质检中心牵头，建设内蒙古稀土产品追溯体系和管理平台。

第三节 事件影响

稀土产品追溯体系不仅可以追溯稀土产品来源，防止来源不明稀土产品进入市场流通环节，也可以提升企业管理能力和经济效益。更有意义的是，通过实施稀土产品追溯体系，我国稀土行业监管部门可以倒查市场上稀土产品来源，建立常态化稀土违法违规线索调查取证工作机制，斩断稀土黑利益链，为稀土资源保护提供重要支撑因素。

展望篇

第二十八章　主要研究机构预测性观点综述

　　主要研究机构对于各行业未来发展预测如下：石化化工行业中，中国石油和化学工业联合会认为我国石化化工行业上游效益还在底谷、投资持续疲软、进出口压力继续增大；东兴证券认为，2017 年我国化工行业有望延续当前的涨价趋势，行业步入上行周期将带来投资良机。钢铁行业中，中粮期货研究中心认为 2017 年的钢材供应会有所下降，但幅度或将有限，而铁矿石整体将呈现出供应上升、需求下降的局面；兰格钢铁研究中心认为，2017 年钢铁行业去产能将继续深入推进，基建、汽车行业将成为我国钢铁需求的增长点，钢材出口或仍超亿吨水平，原料、运输成本抬升支撑钢价高位运行，国内市场钢铁均价继续上移。有色金属行业中，中国有色金属工业协会认为，2017 年全球主要有色金属供应过剩局面难以明显好转；平安证券认为 PPP 项目是未来一段时间国内稳增长的工具，美国将扩大基建规模，这将推动铜价上涨，而且"一带一路"倡议的顺利发展，有望带动我国周边国家或地区有色金属需求的发展；光大证券认为，2017 年全球有色金属需求有望出现新增量。建材行业中，华安证券认为，2017 年水泥行业整合之路继续提速，平板玻璃行业仍要紧抓转型升级；慧聪建材网认为，2017 年建材行业的发展前景集中在装配式建筑、集成房屋和新型板材等领域。稀土行业中，据中国有色金属工业协会预测，2017 年稀土需求仍将保持平稳增长。

第一节　石化化工行业

一、中国石油和化学工业联合会

　　一是上游效益还在底谷。2016 年以来，国际油价虽然震荡回升，但价格水平仍处于低位，我国大庆原油年均价格不足 37 美元/桶，为 2004 年以来最低。受此影响，石油和天然气开采业持续大幅亏损，累计逾 430 亿元（上年同期为盈利 936.4 亿元），大大拖累了全行业效益。预计油气开采业效益恶化的趋势将会持续到年底。

二是投资持续疲软。1—11 月，石油和化工行业固定资产投资持续下降。其中，石油和天然气开采业投资下降很大，降幅近 34%，与前 10 月变化不大。化学工业投资降幅 2.4%，虽然降幅较上半年有所收窄，但 2016 年下降的局面恐难扭转，将是历史上的首次年度下降。目前情况看，石油和化工行业投资大幅下降与全国工业投资增长趋快形成鲜明反差。特别是上游勘探开发投资持续大幅下降，有可能对我国未来能源安全产生不利影响。

三是化工市场进出口压力继续增大。1—11 月，我国有机化学原料进口持续高速增长，累计进口达到 5282.7 万吨，同比增幅 28.5%，净进口 4105.3 万吨，增幅达 36.5%。其中，混合芳烃进口 1057.0 万吨，增长 112.7%；甲醇进口 804.3 万吨，增幅 61.2%。2016 年以来，我国合成材料进口也是处于高位，累计进口量 4036.6 万吨，小幅下降 2.8%；净进口量 3189.6 万吨。其中，合成橡胶进口持续高速增长，前 11 月进口量增幅达 69.3%。目前，一些大宗化工产品进口快速增长，加剧了国内市场无序竞争，伤害了我国相关企业的利益。

1—11 月，化工行业出口总额同比下降 6.4%，连续第 19 个月累计下降，目前降幅依然较大。外需持续不振，出口压力也在增大。

二、东兴证券

2016 年是化工行业触底反弹的转折之年，原油价格在创出十年新低后持续反弹，带动下游化工产品价格止跌回升。进入下半年，化工品价格普涨。判断供给收缩、需求回暖、补库存、行业集中度提升等是推动此轮产品涨价的核心因素。

展望 2017 年，化工行业有望延续当前的涨价趋势，行业步入上行周期将带来投资良机。投资机会包括：（1）供给侧改革效果明显，看好供需格局持续改善的 PTA、涤纶长丝、氨纶盈利增长；（2）看好化肥、农药行业需求增长，带动农化行业走出低谷重回成长；（3）国企改革方案陆续落地将带来政策性投资机遇。

第二节　钢铁行业

一、中粮期货研究中心

从钢铁行业看，2016 年钢材市场的走强归根结底来源于需求端的支撑，房地产、汽车、基建等行业的企稳回暖带动了钢铁下游市场，供给侧改革虽进行得如火如荼，但总体产量不减反增，供应端的压力始终存在，2017 年市场普遍看好供给侧改革逐步由去产能过渡到去产量层面，但较好的炼钢利润及盘面利润恐将与行政命令产生博弈，故 2017 年的钢材供应我们认为会有所下降，但幅度或将有限。需求端的下降幅度恐将大于供应端，主要下行动力来源于房地产领域的周期性拐点及汽车产销的下行压力，综合考量，我们认为 2017 年的钢铁价格难以突破 3800 万—4000 万吨的区间高点，上半年高位震荡，下半年跟随成本端的坍塌不断走弱。

从燃料供应来看，煤炭领域的去产能始终保持着高压态势，预计 2017 年政策端只紧不松，从国家召开会议的表述上看，2017 年对于煤炭领域落后产能的关停仍将持续，30 万吨以下的落后产能将被淘汰，9 月以来，国家发改委虽释放了部分先进产能，但受制于资金、人力等问题，实际产出量可能并不大，故我们认为 2017 年的上半年煤炭市场或将继续走强，而下半年随着钢材产量的下降，煤炭价格重心也将不断下滑。焦炭 2016 年预测产量为 4.47 亿吨，较上年基本持平，受制于环保限产及焦煤短缺影响，焦炭产量增速一直不能满足炼钢需求，但后期我们预计随着炼焦利润的好转及钢产量的下滑，焦炭的短缺程度或将有所减弱，整体上保持与焦煤的联动走势。

从原料来看，铁矿石供应端在 2017 年将迎来较大幅度增长，淡水河谷及罗伊山的增量将在 2017 年下半年有所释放，而钢材端供给侧改革也将在 2017 年继续深入，故铁矿石 2017 年整体呈现出供应上升需求下降的局面，或将成为黑色金属中最弱的品种。

二、兰格钢铁研究中心

2017年是供给侧结构性改革的深化之年，也是钢铁行业去产能的攻坚年，我国将更加严格控制新增产能，更加坚决淘汰落后产能，更加严厉打击违法违规行为，钢铁行业秩序将不断规范，运行效率得以显著提升。

2017年钢铁行业去产能将继续深入推进。《关于坚决遏制钢铁煤炭违规新增产能打击"地条钢"规范建设生产经营秩序的通知》明确指出，对于不符合《产业结构调整指导目录（2011年本）（修止）》等有关规定的落后产能，要立即关停并拆除相关生产设备；严厉打击"地条钢"非法生产行为，对"地条钢"生产企业，坚决实施断电措施，坚决拆除并销毁工频炉、中频炉设备。2017年钢铁行业去产能将继续推进，中央经济工作会议明确，2017年还要持续推动钢铁煤炭行业化解过剩产能，并且提出用市场、法治的办法做好其他产能严重过剩行业去产能工作。自2017年1月1日起，国家发展改革委、工业和信息化部联合出台的《关于运用价格手段促进钢铁行业供给侧结构性改革有关事项的通知》正式实施，对钢铁行业将实行更加严格的差别电价政策和基于工序能耗的阶梯电价政策，电价杠杆的实施将加快落后产能淘汰。2017年，中频炉、地条钢将成为重点治理对象，实质性的去产能目标任务将增加，预计2017年全国钢铁去产能任务预计在3000万吨以上，对于同质化严重、竞争能力弱的企业来说，将是今后去产能的对象，但去产能的难度也会加大，去产能的有效推进将有利于改善市场供需关系。预计2017年因在产产能压减占比的提高，对钢铁产量的影响将有所体现，粗钢产量或将下降到8亿吨以下，较2016年有所下降。

2017年基建、汽车行业将成为我国钢铁需求的增长点。2017年我国交通运输工作的主要目标为：公路、水运完成固定资产投资1.8万亿元，新增高速公路5000公里，新改建农村公路20万公里，新增贫困地区7000个建制村通硬化路，新增内河高等级航道达标里程500公里，新增通客车建制村4000个；铁路计划完成投资8000亿元，投产新线2100公里、复线2500公里、电气化铁路4000公里。2017年，由于大范围重启房地产限购调控，将导致房地产行业用钢需求有所减弱，但"十三五"时期我国将提高建筑钢结构用钢比例、加快城市地下管网建设、加速推进 PPP 基础设施项目，基础设施建设推进将带动制造业温和回升，民间投资有望继续企稳回升，将有利于拉动钢材消费；2017 年汽车行业仍将保持增长态势，预计销量将达 3000 万辆，同比增长约 6%；2017 年基础设施建设和汽车行业有望成为拉动我国钢铁需求的增长点。

2017 年钢材出口或仍超亿吨水平。从全球经济来看，在新兴市场强劲表现的带动下，2017 年全球经济增长将小幅加快。2017 年也是我国"一带一路"积极推进的一年，商务部将"一带一路"建设作为新时期中国对外开放和经济外交的顶层设计，加强预期引导，深化创新驱动，进一步扩大对外开放。2016 年我国在"一带一路"工程新签合同额超千亿美元，人民币加入 SDR 以及 PPP 模式未来在海外工程中的应用也都有利于"一带一路"的项目开展。"一带一路"以基础设施建设项目优先实施，"一带一路"建设的推进将有效拉动我国钢铁产品直接或间接出口。2017 年钢坯等出口关税下调也对钢铁出口形成利好。2016 年 12 月 23 日，国务院关税税则委员会发布《2017年关税调整方案》，降低钢坯、钢锭及部分铁合金等产品出口关税。普碳钢锭、钢坯出口暂定税率由 20% 下调到 15%；不锈钢锭、合金钢锭、不锈钢坯、合金钢坯出口暂定税率由 15% 下调到 10%。尽管我国钢坯钢锭类产品出口很少，但这一税率的调整也会对我国钢铁出口产生象征性的意义。此外，人民币汇率的走低也对钢材出口提供了有利的竞争优势，商务部表示，中国和澳大利亚自贸协定将在 2017 年实施第三轮减税，澳大利亚将对中国钢材实施零关税，受到以上因素支撑，预计 2017 年我国钢材出口仍可超过亿吨水平。

原料、运输成本抬升支撑钢价高位运行。从原料市场趋势来看，2017 年尽管全球铁矿石市场仍有 3000 多万吨的供应增量，但考虑到铁矿石资源品位下降，铁矿石消费量维持稳定或略有增长，铁矿石市场价格或仍将呈震荡上行态势，价格底部继续缓慢抬高；焦炭方面，由于我国煤炭去产能进一步推进，焦炭价格有望持稳。而运输成本上升也在推升钢铁产品整体流通成本。2016 年 9 月 21 日起，交通运输部、公安部实行新的《超限运输车辆行驶公路管理规定》，在全国范围内重点开展三个"专项行动"，即开展为期一年的整治货车非法改装专项行动和整治公路货车违法超限超载行为专项行动，开展为期两年的车辆运输车联合执法行动。通过实施新的运输标准并严治超载，使得钢铁行业物流运输成本增加 30% 以上，部分地区的运输成本上调幅度达到 80％。总的来说，2017 年原料价格尽管存在高位风险，但对钢铁市场的支撑力度依然强劲。

国内市场钢铁均价继续上移。2017 年中国经济将继续深入推进"三去一降一补"，积极寻求新的增长动力，更加注重质量和效率提升。对于我国钢铁行业来说，2017 年是全面实施"十三五"规划的重要一年，稳增长项目和PPP 项目将有所放量，钢铁需求有望维持平稳；而从原料市场趋势来看，2017 年铁矿石市场有望小幅震荡上行，焦炭价格或维持高位震荡，成本支撑力度仍较为坚挺；从去产能来说，2017 年钢铁行业去产能将进一步深入，在产产能去除占比提升，供需关系继续改善。目前国内钢铁市场综合价格已位于 3700 元/吨的高位，预计 2017 年国内钢铁市场仍将延续频繁震荡，但均价有望进一步上移，涨幅或超越 2016 年。

第三节　有色金属行业

一、中国有色金属工业协会

2016 年有色金属工业供需情况得到改善，价格逐步回升，行业经济运行好于上年。2016 年底，中经有色金属产业景气指数回升至"正常"区域，并保持回升态势。一方面，国内经济逐步企稳，主要有色金属消费有望保持上升势头。另一方面，国际资金开始由虚拟市场向实体市场回归，大宗商品价格止跌回升，国内铝、铅、锌现货 2016 年平均价同比增长。

2017 年，全球主要有色金属供应过剩局面难以明显好转；大部分金属价格大幅下跌空间不大，价格将继续低位震荡；受国际政治格局影响，市场不确定因素增加，美国加息将直接影响有色金属价格；我国有色金属行业新动能尚不足以支撑行业稳定发展。2017 年，国内产业发展总体处于弱势筑底企稳状态，有色金属工业将继续缓中趋稳发展，规模以上有色金属企业工业增加值有望保持中高速增长；十种有色金属产量小幅增长；行业固定资产投资难以改观；企业经济效益持续回升的压力较大。

二、平安证券

有色金属长期价格低迷，上游资本投入放缓。2016 年开始的供给侧改革普遍推升金属价格上涨，供需处于弱平衡状态，行业不断加快产业升级，提升行业盈利能力。预计 2017 年需求回暖。

一是，尽管 PPP 项目（财政政策）量较少，但仍是未来一段时间国内稳增长的工具。

二是，美国共和党执政后，预计将扩大基建规模，这将推动铜价上涨。2016 年全球铜供给过剩量大约 50 万吨；当前美国的需求量在 200 万吨以内，而 2000 年前其年化需求量大约在 300 万吨；相较于当前微小的供给过剩量，100 万吨的增量空间不可小觑。

三是，"一带一路"倡议涉及国家约 8 亿人口（不包括印度），土地面积和经济总量占全球约 10%，"一带一路"倡议的顺利发展，有望带动我国周边国家或地区有色金属需求的发展。

三、广大证券

受供给侧改革、行业龙头公司减产、金属价格修复、行业补库存等因素影响，2016 年有色金属价格持续上涨。当前，行业去产能进入相对微妙阶段，基本金属供需弱平衡，任何新的因素都将对行业产生较大影响。一是利率正常化或助力产能出清，二是随着"一带一路"稳步推行、PPP 加速落地，美国特朗普效应兑现，2017 年全球有色金属需求有望出现新增量。

第四节　建筑行业

一、华安证券

2017 年，建材行业将有以下三大发展趋势：

一是水泥行业整合之路继续提速。从 2016 年看来，水泥市场整体回暖迹象较为明显，尤其是进入下半年以来，价格和行业利润都实现大幅回升。从供需来看，基建部分增速下行趋势放缓、PPP项目储备形成支撑、供给侧改革持续推进，错峰计划顺利执行，随着需求侧的不断旺盛，以及供给侧的不断缩小，预计2017年水泥行业供需两侧有望保持平衡，行业的盈利程度主要在于价格和成本，随着产业链布局的不断全面，企业的不断联合重组，成本控制有望做得更好。

二是平板玻璃行业仍要紧抓转型升级。从2016年前三季度来看，平板玻璃价格和产能利用率均有所回升，但从需求端来看，房地产严控政策不断出台，汽车出口增速略显不足，平板玻璃行业的整体需求尚有些不足。在行业需求走弱的情况下，加快提升产品结构，加快转型升级将越来越重要。尤其在当前成本压力不大的情况下，平板玻璃生产企业更应该要加快转型升级，加快研发新产品、新技术。

二、慧聪建材网

一是装配式建筑需求强劲。随着国家政策对装配式建筑的不断加码，各地装配式示范项目不断开工建设，预计2017年用于装配式建筑的相关产品（如绿色建材、新型部品、复合型建材）等均有望实现需求增长。尤其是一些地方政府也纷纷对装配式建筑给予短期的供给和长远的需求安排，如上海近日发布《上海市装配式建筑2016—2020年发展规划》，明确提出了未来五年上海装配式建筑发展的指导思想、发展目标和对策措施；重庆市2017年也将推出五大举措，促进装配式建筑发展。

二是集成房屋有望突破。由于集成房屋具有可简约、可复古，可居住、可娱乐、可用于特殊用途，易于运输安装、拆迁，重复使用的优良性能，发展集成房屋已经成为必然需求。尤其随着科技的发明与不断进步，预计到2017年我国集成房屋的功能有望进一步拓展，市场需求进一步扩大。

三是新型板材前景广阔。随着人们对健康的日益重视，环保性建材逐渐成为消费热点，而新型板材作为可广泛用于家居家装健康材料，消费市场不断扩大；另外，随着技术的不断进步，形成了辊压成形技术、旋压成形技术、板锻成形技术、电磁成形技术、激光成形技术、多点成形技术、渐进成形技术、无铆连接技术，以及不可小视的 3D 打印等多种新型板材制造技术，可进一步扩大新型板材产品结构。预计 2017 年将是新型板材快速发展的一年。

预计 2017 年水泥、平板玻璃等传统建材行业将进一步衰退。"十三五"期间，随着 32.5 复合水泥逐步停产，高标号水泥、纯硅酸盐水泥等高端产品占比不断提高，水泥产品结构将会发生明显变化，但是水泥熟料会保持相对稳定。预计 2020 年，我国水泥熟料需求量将从 2015 年的 13.3 亿吨，下降到 12 亿吨，年均下降 2%。尤其是随着"三品"行动的逐步推进，增加适销品种、提升产品品质、打造知名品牌，更好满足差异化消费需要，提高发展质量和效益，是 2017 年建材和建筑部品业需求的主旋律。

第五节　稀土行业

根据智研咨询发布的《2017—2022 年中国稀土市场供需预测及投资战略研究报告》预测：2017 年全球稀土（包括轻、重稀土）供应量将达到 20.11 万吨，其中中国供应量约减少 0.77 万吨，除中国外供应量增加 1.0 万吨。而 2017 年全球 REO 稀土消费量将达到 15.97 万吨，年均增速维持在 7.5%。

对于国内的稀土产量预测，根据 2016 年中国工信部发布的《稀土行业发展规划（2016—2020 年）》，要求到 2020 年稀土冶炼分离产品产量控制在 14 万吨内，而国家现有的冶炼分离指标为 10 万吨，由此测算每年产量同比将减少 4.58%。预计 2016 年中国稀土供给约为 16.9 万吨，刨除国家 10.5 万吨的开采指标，黑稀土约为 6.4 万吨，占稀土总体供应的 37.9%。此外，受新材料需求和出口拉动，预估 2016 年我国稀土 REO 消费将达到 13.0 万吨，2017 达到 13.7 万吨，年均增速在 5% 左右。

2017 年，稀土价格整体保持回升的态势，受到"收储"和"打黑"等政策端预期的影响，将有助于消化和规范过剩产能，供给收缩或将带给行业集中度上升，预计中、重稀土价格抬升将较为明显，均价将比 2016 年上升 20%—25%；氧化镨钕上升速率维持在 10%—15%。

中国有色金属工业协会发布的《中经有色金属产业月度景气指数解读》认为：从供给侧看，2017 年，我国将继续实行生产总量控制计划和开采总量控制指标管理，稀土矿产品及冶炼分离产品生产格局不会出现大的变化，将总体保持稳定。随着"打击稀土违法违规行为专项行动"的深入推进，行业运行秩序，特别是稀土供应秩序将进一步得到改善。从需求侧看，国内方面，传统领域表现相对疲弱，三基色荧光粉等行业萎缩明显，新兴领域发展较快，特别是新能源汽车的迅猛发展，为稀土下游消费提供了新的增长点；国际方面，从2015年至2016年的出口情况看，国外稀土市场需求释放较为明显，预计2017年出口量仍然维持高位，但增速将有所放缓；总的来看，2017年稀土需求仍将保持平稳增长。从市场运行看，经过几年连续下跌，目前稀土价格已经回落至2010年前后水平，基本处于历史性底部，企业承受较大经营压力，随着六大稀土集团市场影响力进一步增强、行业秩序进一步规范，加之大宗商品价格进一步回暖，初步预计2017年稀土市场有望企稳回升。

第二十九章　2017 年中国原材料工业发展形势展望

预计 2017 年，全球经济难有较大改观，国内经济会保持平稳增长，我国原材料工业会继续回暖，生产增速小幅反弹，进出口贸易逐步回稳，产品价格有涨有跌，行业经济效益有望改善，但投资受"去产能"影响会继续减少。

第一节　原材料工业总体形势展望

预计 2017 年，全球经济难有较大改观，国内经济会保持平稳增长，我国原材料工业会继续回暖，生产增速小幅反弹，进出口贸易逐步回稳，产品价格有涨有跌，行业经济效益有望改善，但投资受"去产能"影响会继续减少。

一、生产有望小幅反弹

预计 2017 年，我国原材料工业生产将会小幅反弹。一是全球经济虽难有较大起色，但经济增长会好于 2016 年。在最新发布的《世界经济展望》中，IMF 预计 2017 年全球经济增长 3.4%，略高于 2016 年的 3.1%。其中发达经济体会延续低增长态势，美国经济缓慢复苏，但受"加息"影响复苏进程会放缓；欧洲经济受英国"脱欧"影响，景气度将有所下滑；日本、韩国经济持续低迷。新兴经济体和发展中国家经济整体情况将有所改善，印度等新兴的亚洲国家经济增速将加快。二是尽管下行压力不减，但我国经济总体将平稳增长。2017 年我国经济增速将放缓，IMF 预估经济增速为 6.2%。但从 2016 年 1—11 月的制造业 PMI、工业利润等数据来看，我国经济出现了企稳回升的迹象。随着国家发改委陆续启动一批重大工程项目，以及各项改革的深入推进，预计 2017 年我国经济至少会维持 6.5% 的增长。三是主要下游行业需求将维持增长态势。2016 年以来，房地产开发投资持续增长，1—11 月房地产开发投资增长 6.5%，总体呈现增长态势，预计 2017 年房地产开发投资会继续增长，受各地楼市严控政策的影响，增速会趋于平稳；2016 年前 11 个月汽车产销稳定增长，增幅较 1—10 月小幅提升，预计 2017 年汽车产销会继续保持增长。

二、投资继续放缓

2017 年，国内经济回暖和下游需求增长将对原材料工业投资起到一定的拉动作用。在"一带一路"倡议和《中国制造 2025》等重大发展战略的刺激下，基础设施、轨道交通、高端装备等产业将快速发展，2016 年 1—11 月，国家发改委陆续批复的交通、能源领域的重大项目已经达万亿元，这些项目的投资乘数效应有望在 2017 年显现，将增加对原材料的需求。但因我国主要原材料行业存在产能过剩，企业投资意愿仍不强烈，原材料工业投资增速仍存在负增长的可能性。自 2016 年初，钢铁、有色、建材等主要产能过剩行业开启了化解过剩产能、提质增效的工作，"去产能"工作得到了前所未有的重视。在各地的积极配合下，截至 2016 年 10 月底，我国 2016 年全年的钢铁"去产能"任务已经提前完成，但未来"去产能"压力仍然较大。综合来看，预计 2017 年我国原材料工业增加投资的可能性很小。

三、进出口贸易有所改善

预计 2017 年，我国原材料产品进出口贸易会有一定程度的改善。出口方面，全球经济缓慢复苏，发达经济体低速增长，新兴经济体经济有所好转，随着"一带一路"倡议的纵深推进，我国与沿线国家的贸易量有望增加，带动我国优势原材料产品的出口。此外，人民币的持续贬值也将在一定程度上刺激我国原材料产品出口。进口方面，国内经济总体平稳，稳中有进，特别是随着促进外贸回稳向好政策措施效果的逐步显现，原材料进口需求有望增加。

四、产品价格震荡调整

预计 2017 年，随着去产能和供给侧结构改革的持续推进，我国原材料产品价格会震荡调整。钢材价格受"去产能"刺激，以及煤炭、铁矿石等原燃料价格上涨支撑，预计会波动上涨。化工产品价格受石油价格回升影响，整体走势会有所增强，不同产品价格会依据供需格局变化出现一定程度分化。有色产品价格在化解过剩产能、供求关系改善的整体形势下，大幅下跌的空间不大。水泥、平板玻璃等建材产品价格受房地产、基建市场影响，上涨空间有限。

五、行业经济效益有所改善

预计 2017 年，我国原材料工业整体经济效益会有所改善。一方面，原材料产品需求会保持增长，另一方面，受益于供给侧改革和"去产能"行动，我国原材料市场供求关系会有所改善，产品价格存在一定的上涨空间，原材料企业盈利能力有所增强。

第二节 分行业发展形势展望

一、石化化工行业

从国际看，世界经济仍处于深度调整期，复苏远不及预期，发达国家和新兴经济体走势分化。随着全球贸易保护主义抬头，国际贸易增长缓慢。2016 年 12 月，欧佩克与部分非欧佩克产油国达成首份联合减产协议，承诺自 2017 年 1 月 1 日起分别减产 116 万桶/日和 55.8 万桶/日。预计 2017 年，油价将迎来实质性回升。

从价格角度来看，在原油价格等因素的推动下，将带动下游化工产品价格上涨。

从生产角度来看，随着供给侧结构性改革的深入，更加注重提高产品质量，落后产能将陆续退出，对整个化工市场形成利好。

从消费角度看，随着城镇化进程的推进和"一带一路"、京津冀协同发展、长江经济带战略的实施，预计2017年我国石油表观需求量将进一步增加，石油对外依存度也将进一步提高。同时，随着我国经济的平稳增长，也将拉动化工产品需求，化工市场前景向好。

二、钢铁行业

2017年，去产能仍是钢铁行业发展的重点任务，国家加大力度打击"地条钢"，积极推进落后产能退出，市场竞争环境进一步得到改善，但供过于求的市场环境难以改变。随着供给侧结构性改革和稳增长政策效应的不断释放，我国固定资产投资缓中趋稳。2016年我国亿元以上新开工项目计划总投资始终保持在30%以上，将对2017年的投资起到重要的支撑作用，尤其是国家加大保障性住房、基础设施和水利工程建设投资，将对钢材下游需求构成强力支撑。但是我们也要看到，船舶行业新接订单大幅下降、机械行业增速放缓、房地产投资趋于谨慎等其他下游用钢行业发展变化，对2017年钢材消费所带来的影响。预计，2017年我国粗钢产量与2016年相比将基本持平。

2017年，我国钢材出口增长乏力，下行风险较大。一是随着原燃料价格上涨、人力成本和财务成本的不断提高，我国钢材价格优势逐步减弱。二是随着全球新增产能的不断投产，对中国钢材需求减弱。三是钢铁行业面临着全球性的产能过剩，贸易摩擦将更加激烈。预计，2017年我国钢材出口将面临更大的阻力。

三、有色金属行业

2017年，我国有色金属工业结构性矛盾依然突出，部分冶炼及低端加工产能过剩，高端产品有效供给不足，下游应用水平不高，供给侧结构性改革和扩大应用需求仍将是行业的主要任务。

从生产角度看，在经济新常态和"去产能"的大形势下，有色金属产量将维持缓中趋稳。一是有色行业的供给侧改革将加速推进，在环境保护的巨大压力下，落后产能和"僵尸企业"加快退出，有色金属产量难以大幅增加。2016 年前 11 月全国十种有色金属产量为 4780 万吨，仅同比增长 1.3%，增速较上年同期回落 6.2 个百分点。二是市场机制将限制产量过多增加。2016 年有色金属价格大幅上涨，但一些高成本企业仍然无利润或利润不多，被迫削减资本支出、裁员与减产，如果产能释放过多，可能致使有色金属价格大幅下跌，企业严重亏损而重新减产。

从消费角度看，国内有色金属消费峰值尚未到来，有望进一步扩大应用。在铝产品领域，一方面，全国大气污染严重、雾霾频现，有色行业节能减排压力巨大，有望推动铝在乘用车轻量化、建筑领域等的进一步应用；另一方面，铝产品在日用包装、机械装备、海洋工程、电子信息、家电和耐用消费品等领域的应用有望进一步提升。在有色新材料领域，我国与世界先进水平的差距十分明显，一批关键有色战略材料仍依赖进口，《有色金属工业发展规划（2016—2020 年）》将推动有色新材料产品向智能化、绿色化、个性化、高值化发展。

从价格角度看，预计 2017 年主要有色金属产品价格将波动上涨。2016 年国内外市场有色金属价格持续上涨，与 2015 年底断崖式下跌截然不同。一方面，国际金融危机后，受宽松货币政策的影响，有色行业已经形成巨大产能，尽管去产能取得了一定效果，但当前国内外有色金属供应过剩的局面并没有根本扭转，市场短缺多是区域性、阶段性供应不足，有色金属价格全面"转暖"，进入上升通道的条件尚不完全具备，依然存在下行风险。另一方面，当前全球货币供应继续保持增长势头，美国新一届政府也将通过扩大公共投资，拉动经济发展，货币增发成为大概率事件，有色金属等大宗商品价格大幅下跌空间有限。

四、建材行业

从国际环境看，预计短期内世界各主要经济体仍将维持宽松政策。从国内环境看，我国宏观经济下行压力不减，有效需求不足，但总体会保持平稳增长。在此背景下，预计 2017 年我国建材行业发展仍将面临较大压力，"加快结构性改革—提高生产效率"将成为新的增长路径。

从生产角度看，在宏观经济下行压力不减、产能过剩矛盾依然突出的情况下，2016年建材产品产量难有大幅增长。主要原因是产能过剩矛盾难以短期内化解，虽然目前国家对水泥、平板玻璃等产能过剩矛盾较为突出的行业进行严控，但仍存在在建产能面临释放、存量难以化解的问题，2017年，随着国家继续加大化解过剩产能的力度，传统的建材将进一步衰退，有的甚至要逐步退出市场，势必造成生产放缓；另外，随着水泥错峰生产的不断扩大试行，32.5复合水泥的逐步停产，水泥产量预计将有所下降。

从消费角度看，传统建材产品消费需求仍显不足。一是国内经济发展已经步入新常态，经济增速持续回落，经济总体有效需求不足；二是房地产、建筑等市场领域增速继续放缓，难以对建材产品形成有效拉动；三是对于高端建材产品，如基板玻璃、高端复合材料等，虽然市场需求较大，但受制于国内技术发展水平，大部分仍需依赖进口。

从出口看，目前我国建材行业"走出去"虽然取得了一定成绩，企业的积极性也较高，但总体仍处于初级探索阶段，面临税收、人才、融资等多种难题，再加上我国建材生产企业多以中小企业为主，市场集中度较低，企业的核心竞争力不强，在国际市场难以形成强大的竞争力，再加上全球经济整体增速放缓，国际市场建材需求动力不足，"走出去"仍面临较大困难。

总体看来，2017年建材行业的发展增速将继续放缓，但随着国家不断化解过剩产能，大力发展新兴产业，在产业结构调整方面可能取得积极进展，如高附加值产品占比提高，低端产品逐步退出市场，产业发展质量和效益将有所提高。

五、稀土行业

从面临形势来看，"十三五"期间，我国稀土产业发展迎来政策黄金期。全球迈入"工业4.0"，"中国制造2025"开始全面实施，这将有力推动我国稀土产业转型升级、提质增效。

从下游需求来看，2016年，中国稀土行业出台了《稀土行业发展规划（2016—2020年）》，进一步明确了稀土行业未来发展方向。在新的一年，如何有效解决中国稀土行业"低端过剩，高端不足"的困境，做好供给侧结构性改革，推动产业转型升级，向中高端迈进是行业急需面临的重要问题。受益于有力的政策支持，2017 年，稀土行业将继续保持稳定的国际需求增长，特别是中重稀土氧化镝、氧化铽等产品，出口增幅巨大，海外需求较大。在"十三五"规划的带动下，稀土行业的国内需求也将稳步提升。下游应用行业，如风电、新能源汽车、电动代步车、智能手机、可穿戴电子设备、传感器等得到政策的大力支持，也将进一步带动对钕铁硼等稀土永磁体需求的增长，其原材料氧化镨钕、氧化镝、氧化铽、氧化钆、氧化钬的需求应该能保持高速增长。另外，随着环保压力的加大和节能减排需求的提高，可用于助燃化石燃料、工业废气和汽车尾气处理的稀土氧化物，也可能迎来需求的陡增和价格超预期的上涨。

从行业管理来看，大数据和新型计划经济助力稀土追根溯源，跨部门数据的整合、梳理，使得监管部门对于国企的生产经营干预进一步放大；生态文明战略及环保治理的加强，环保成本终将纳入企业生产成本体系，绿色发展将带来对稀土开采环保和生态治理工作的加强；国土资源部《国土资源"十三五"规划纲要》也进一步明确了对稀土等战略性矿产资源的保护，对离子型稀土开采规模实行有效管理，完善优势矿产资源限产保值机制，加强对稀土矿产地的储备；此外，六大稀土集团的整合和后续发展也是需要关注的问题，应思考如何做强做优做大国有企业，发挥大型稀土集团在贯彻国家重大政策、保持行业平稳运行、引领行业高端发展方面的带头作用。

附　录

附　录1：

我国原材料行业服务化转型研究

　　服务化转型是我国原材料行业转型升级的重要途径。原材料服务化转型将促使制造企业从满足客户需求、实现价值增值、提升企业竞争力等动因出发，由提供产品向提供服务转变，将使企业的收入来源从有形的产品拓展到无形的服务，延伸了制造业的价值链。在发达国家中，制造环节在整个原材料生产链中的比重仅为1/3左右，基于产品的服务环节才是创造价值的主要环节。目前，我国原材料行业产能过剩、发展困难，亟待转型升级，服务化转型是原材料行业脱困增效、持续发展的重要途径。

一、原材料行业服务化转型势在必行

（一）制造业发展的必然趋势

　　原材料行业现有的服务模式单一，即原材料生产商为下游客户批量提供单一产品，统一提供单一的产品售后服务或者安装维修服务。虽然单一的模式易于原材料生产企业采用标准化服务模式，但却不能满足下游客户的多样化产品需求。随着新一轮工业革命的不断深入，原材料行业智能化程度的逐步提升以及信息平台的逐步普及完善，以服务化引领高端化是原材料实现产业升级的必由之路。

　　原材料产品是各工业领域的基础产品，其质量的好坏直接决定后续工业产品的好坏。原材料行业的服务化转型则能在全产业链环节全方位满足下游客户需求。服务化转型即在研发环节、生产环节、销售环节、售后环节甚至是管理环节等全产业链环节全方位为客户提供服务。比如，为目标用户提供指定产品研发服务、异形产品生产服务、特定产品组装装配服务、售后产品性能跟踪服务、问题产品纠错返修服务、客户远程协助服务等。

随着大数据、物联网、智能工厂、电子商务等新一代产业模式和技术的出现，原材料行业服务化转型的技术基础和行业基础已经逐步成熟。近年来，我国原材料行业智能化设备、智能化技术和智能化业态模式与原材料行业的耦合度进一步提升。工业互联网、云计算、大数据在研发、生产、管理、销售等全生命周期中已经实现综合集成应用，部分企业已经建成智能工厂/数字化车间，能够实现生产过程仿真优化、数字化控制、状态信息实时监测和自适应控制等。智能制造装备和产品发展迅速。例如，新型传感器、智能测量仪表、工业控制系统、伺服电机及驱动器和减速器等智能核心装置已经实现在领先原材料企业生产线的应用。

（二）企业的核心竞争力

原材料企业目前提供的服务多是售后服务，不能追溯某个产品的生产状态，也不能跟踪其应用状态，导致问题产品的纠错能力差。但是，随着新一轮工业革命的不断深入，两化融合程度的不断提升，下游客户对工业产品的要求更加严格。原材料产品是各工业领域的基础产品，其质量的好坏直接决定后续工业产品的好坏。原材料企业提供客户需求动态感知的定制化服务的能力，将直接决定企业的竞争力。

客户需求动态感知的定制化服务模式通过搜集、分析、归纳、预测客户所想所需，推广以订单为核心、多品种、小批量、快速灵活的柔性生产组织模式，原材料企业将从大规模标准化服务转变为小批次、多品种、定制化服务，使产品和服务不再大规模趋同，而是更加有针对性和个性化。随着原材料行业智能化程度和两化融合程度的逐步提升，定制化服务的推广基础已经逐步被夯实。

目前我国原材料企业已经初步实现服务化转型，服务收入占公司总收入的比重逐渐上升。上海晟烨信息科技有限公司（以下简称"上海晟烨"）开展了基于数字医学影像与3D打印技术的医学工程服务，已经为全国100多家医院提供临床服务，累计完成7000多例相关病例的研究与应用。上海晟烨与深圳光韵达光电科技股份有限公司（以下简称"深圳光韵达"）合作成立了上海光韵达三维科技有限公司，通过整合上海晟烨（软件、人才以及医院）以及深圳光韵达（硬件、技术以及产业化能力）的优势资源，通过"云服务平台＋软件＋3D 打印"三位一体的服务模式，推动个性化定制生物医用材料产业的迅猛发展。

（三）行业资源跨界重组的必然要求

我国原材料行业目前多为单一企业提供服务，即一个原材料生产商负责提供产品服务的集成包，而不考虑上述原材料产品生产过程中所涉及的其他上游企业或服务企业，在上游企业与下游企业间形成了产品信息传递断层，影响产品追溯机制的完整性和准确性。因为产品信息传递的不畅，单一原材料企业提供的服务质量也会受影响降低。随着智能工厂、云制造等新业态模式的逐步成熟，搭建企业间工程制造、工业服务、工业创新等领域的数据开放共享平台，实现制造业和生产性服务业等领域内外的数据互联互通，以实现资源跨界重组，是原材料行业发展的必然趋势。

以互联网为纽带，借助众包设计、云制造等新业态模式，原材料产业链中的各级企业可以连接在一起，打造全生态大协作的开放型产业生态体系，优势互补、合作共赢，从而为客户提供远程诊断、生产性服务、全产业链追溯及在线监测等"全生命周期服务"。按照协同化的发展程度，协同化生产可细分为产学研协同、产业链协同、服务协同。产学研协同即研发主体和生产企业的协同，产业链协同即处于不同产业链环节企业的协同，服务协同即全产业链企业为客户提供"全生命周期服务"的协同。目前我国原材料行业处于产学研协同和产业链初步协同阶段。

随着原材料行业智能化程度和协同化程度的稳步提升，我国原材料行业的资源跨界重组平台逐步成型。例如，用于开放共享设计与制造资源、关键技术与标准数据的工业云数据平台，以及用于开放共享软件与服务、检验检测、技术评价、技术交易、质量认证、人才培训、企业管理等领域的公共服务平台。中石化、中海油、中石油已实现 ERP、MES、EAM 等系统在企业内部和企业间的集成运作，可实时掌握企业运作动态。

（四）国家战略的关注重点

为在新一轮产业和技术革命中抢占先机，近年来，发达国家纷纷制定先进制造发展战略。美国从 20 世纪 70 年代开始制定系列法规，如 1980 年提出"铁路和汽车运输的条款"、1984 年制定"航空条款"、1991 年颁布《多式联运法》、1999 年通过《金融服务现代化法》《先进制造业伙伴计划》等系列法律法规，促进服务业的发展。美国建立了营运模式共创与知识交流的平台，用以向企业推广制造业服务化运作模式。欧洲国家除了高度重视基础设施环境建设，政府还积极推动本国的服务贸易自由化、开放化，为本国服务业开拓国际市场创造条件。德国"工业 4.0"表明德国将变革德国制造业的方向，通过向智能制造的转型，大力推进制造业服务化。芬兰将"服务业和服务创新"作为重点推进工作之一，提出"建立以顾客为中心的服务业是芬兰竞争力的来源"，先后部署创新制造、创新服务、创新运营模式等 3 项工作计划，对制造业服务化发展给予引导和资金支持。日本政府制定了 25 种与企业相关的认证体系，通过组建行业协会来加强和完善制造服务业市场的管理。日本的 I－Japan 战略凸显了发达国家通过加强制造业的顶层设计来适应制造业服务化的发展趋势。此外，为促进服务贸易的发展，发达国家在 WTO 谈判和其他区域经济一体化谈判进程中都把服务贸易标准作为重要的谈判条件。

我国工业和信息化部于 2015 年下发《原材料工业两化深度融合推进计划 (2015—2018 年)》，明确提出要推动原材料工业大宗商品物流信息化发展，建立和完善用户个性化订单条件下的基于产品使用特征的钢产品标准规范体系，推广以订单为核心、多品种、小批量、快速灵活的柔性生产组织模式。《中国制造 2025》是我国实施制造强国战略的第一个十年行动纲领，特别指出要"加快制造与服务的协同发展，推动商业模式创新和业态创新，促进生产型制造向服务型制造转变"，将发展服务型制造业作为制造业发展的一项任务。2015 年 8 月 6 日，国务院发布《关于加快发展生产性服务业促进产业结构调整升级的指导意见》，这是国家层面首次全面部署生产性服务业发展。指导意见提出，生产性服务业的发展要以产业转型升级需求为导向。国家将从深化改革开放、完善财税政策、强化金融创新、有效供给土地、健全价格机制和加强基础工作等方面，为生产性服务业发展创造良好环境。

二、我国原材料行业服务化转型的现状和存在的问题

原材料行业是我国工业发展的基石，为其他行业提供基础原材料支撑。但是，目前我国原材料行业各部门不同程度存在基础能力较薄弱、产业体系

冗大、产业链高端环节缺失、产品附加值较低等问题。原材料企业多数为资金投入多且企业规模大的"笨重企业",存在后续市场适应能力差,灵活变通能力不足,升级转型速度慢,行业恶性竞争严重等问题。其中,建材、石化和钢铁三大行业为典型范例,以下将着重展开论述。

(一)发展现状

1. 建材行业服务化现状

我国是世界上最大的建筑材料生产国和消费国,主要建材产品包括水泥、平板玻璃、建筑卫生陶瓷、石材和墙体材料等,产量多年居世界第一位。

我国建材行业内矛盾显著。第一,建材行业是传统的"三高"产业。第二,产能过剩矛盾持续突出。第三,效益增幅逐渐收窄。第四,市场竞争秩序失范。因此,为了促进建材行业的改革升级,充分发挥其对工业和城市发展的基础支撑作用,进行服务化转型成为建材领域工作的重中之重。

上海建材集团作为建材行业的典型示范企业,致力于打造中国优秀的节能环保新材料制造和服务商,于2014年9月主动转型升级,拉伸产业链,以客户为中心提供全面服务的经营理念,通过推进和实施"432"发展战略,即以做优做强为目标,实现"跟随赶超"向"超越引领"新跨越,重点加快高端玻璃、环境服务、新兴建筑材料、生产型服务四个体系建设,完善科技管理机制,积极推进高端玻璃、环境服务、建筑工业化三个领域的技术创新,积极实施"走出去"战略,扩大产品出口业务,提高出口额在销售中的比例,不断开拓国内国外两个市场,成功打造制造业"升级版",实现产业向"制造+服务"转型,并获得了市场的主动权。

上海建材集团实现服务化转型的路径可以概括为四点。一是,玻璃产业向深加工和幕墙服务延伸。在推进玻璃产业转型升级的过程中,上海建材集团下属的耀皮公司将国际最先进的汽车级原片玻璃、超白玻璃、在线硬镀膜玻璃等高端玻璃作为主攻方向,并加快扩展汽车玻璃和工程玻璃业务,提高浮法原片玻璃自用率和产品附加值,同时瞄准玻璃幕墙维修市场和汽车玻璃修配市场,积极向服务业延伸,扩大市场份额,抢占制高点。二是,水泥产业向环境服务业转型。上海建材集团借助被国家发改委列为首批"双百工程"骨干企业的契机,加快推进资源综合利用示范基地项目。项目投产后,每年能够消化污水处理厂污泥等 200 多万吨废弃物，可形成一条适合城市发展、与循环经济相关联的都市型水泥产业链。同时，集团与有关企业合作，围绕城市生活垃圾减量化、污水处理厂污泥深度处理、危险废弃物处置等内容开展合作，努力突破环境服务业的瓶颈。三是，积极发展生产型服务产业。上海建材集团依托现有产业的优势，发展"互联网＋装饰装修"的新业态，通过引入新业态，带动新材料、新技术的应用和推广，对接地产集团房地产开发业务，积极发展集成贸易，加快构建供应商合作联盟，通过组织货源、贴牌生产、加强保供服务，成为材料采购和供应服务商。四是，形成"超越引领"的技术优势。主攻玻璃技术的改造升级，加快浮法玻璃"第二代"升级，重点研发航空玻璃、防火玻璃、高端汽车玻璃等新品种，以填补国内空白，增强企业市场竞争力。集团的环境服务技术中心则将走产学研之路，深化与同济大学、上海产业技术研究院等院校合作，重点围绕城市生活垃圾减量化、污水处理厂污泥深度处理、危险废弃物处置等内容开展研发，努力实现环境服务业的新突破，真正将水泥企业变为城市的"清道夫"。目前，集团与上海现代建筑设计集团合作组建了建筑工业化技术中心，围绕建筑工业化推进过程中的设计、标准、装配工艺等进行研发和攻关，致力于打造最具技术优势的国家级技术中心。

2. 石化行业服务化现状

石化行业是生产性服务业集中的领域，发展空间很大。融资租赁、研发设计、商务咨询、第三方物流、节能环保服务、电子商务、信息技术服务、检验检测认证、服务外包、售后服务、人力资源服务和品牌建设等业态，几乎都能找到与石化业衔接的渠道。依据石化行业转型升级的迫切需要，工程设计、节能环保、物流仓储、服务外包等在石化领域最有可能率先取得突破。

石化领域服务化转型的典型代表区域为上海和泉州等地。上海的吴泾化工区借助现有的铁路和码头设施，成功发展化工物流业以及化工工程总承包、检测、设计等生产性服务业，同时依托化工园区金山区成功发展物流仓储等生产性服务业态。上海化工物流园区已建成功能齐全的化工物流基础设施平台，针对制造厂家到批发商、零售商、最终消费者的整个供应链，可以进行综合信息化管理，最大限度地降低物流运营成本。泉州的泉港石化基地已形成炼化一体化。泉港石化基地聚集了200多家与石化相关的电子商务、安装维修、物流仓储、检验检测、保温环保等服务型企业，在启动的现代服务业工程中，确定了十大类100个第三产业重点项目，同时出台了相关配套扶持政策。

部分石化企业初步实现服务化转型。江苏索普集团将原来为生产系统服务的铁路、罐区、码头、库房及配套资产进行整合，形成铁运、汽运、仓储、水运、港务、维修等业态，成功拓展化学品物流业务，面向社会和市场承揽生意。目前水运承接的市场业务已超过了集团运量的2倍。公司还将原来分散在各车间，承担土建、维修、仪表检修等业务的人员和资产进行整合，组建了化建公司，面向社会从事化工设备安装、维修、制造、防腐保温等业务，创造了新的利润增长点。

面向石化领域的服务企业也初具规模。中远物流通过对石油石化行业采购的商流、资金流、信息流、物流的有效整合，能够提升整个供应链的经营效率，降低整个供应链的运营成本。在信息流业务方面，中远物流建设了为大宗物资所服务的电子商务平台，包括为化工、钢材、能源所专门设计的电子商务平台。信息系统、电子商务平台可以对接到中国石油的采购优化系统，在电子商务业务方面，除了具备信息交流、交易支付和物流功能等传统业务外，还有虚拟信息交流功能，通过与仓库供应商实现在线库存系统信息交流，可以建设区域性电子交易平台。在资金流和商流方面，中远物流除了配合中国石油在采购方面的资金服务，以及为中国石油的供应商提供资金和采购支持，还可以构建金融供应链平台以解决资金压力问题。银行、客户、仓库平台以及中远的物流管理公司，四者能够有效地整合成一个完整的整体，通过中远物流的统一运营管理，能够为企业进行在线交易、快速融资提供平台。在采购执行方面，中远物流有专门的独立于客户单位之外业务中间商，站在客户的立场上，专营某一相关物资的采购，能够为石化产业链上游供应商的设备生产所涉及的物流、商流、信息流提供打包的集成式综合服务，与一般的采购中间商不同。海外工程项目方面，中远物流依靠强大的船舶和海外网络力量，可以为客户提供上门采购服务，实现客户船期的实时调整，调整发货路径，提供有效的海外现场库存管理及全球供应链服务，以避免发货、库存管理不善造成的临时紧急备货状况。

3. 钢铁行业服务化现状

随着社会生产力的发展、钢铁生产技术的进步、市场竞争的日趋激烈、客户需求的多样性和差异化，钢铁业的服务化发展已经成为企业核心竞争力的重要组成部分和适应新形势的有效举措。我国一些钢铁企业在钢铁市场发展蓬勃的时候就把服务客户放在首位，领衔了钢铁行业由单纯的材料生产向技术服务、材料服务等转变。

一是围绕主业、多元发展的宝钢。在 21 世纪初，宝钢就开始涉足钢铁材料的深加工领域，选择钢铁主业的优势，提出围绕钢铁产业价值链，明确了采取"一业特强，适度相关多元化"的产业定位，为钢铁主业提供生产、技术、市场支持，实行与钢铁产业相关的多元化产业发展战备。2007 年，宝钢进一步梳理多元化发展的思路，发展成为支撑宝钢多元发展的 6 个板块，分别是宝钢资源、宝钢发展、宝钢工程技术、宝钢金属、宝钢化工、宝钢金融（华宝投资）全资子公司。宝钢金属有限公司是为发展钢材延伸加工产业，于2007 年底宝钢集团整合钢制品事业部、产业公司、汽贸和线材制品等业务，组建成立的宝钢金属已成为宝钢钢材延伸加工产业发展的重要平台，其核心业务包括金属包装、钢结构、工业气体等。金属包装的主要产品有金属板印刷、化工桶、杂罐、二片和三片饮料罐、各类瓶盖、气雾罐、钢桶等。钢结构业务致力于以钢结构为主的工程项目总承包管理及运作，致力于新型钢结构研发与应用，形成集钢结构工程研发、制造、采购、设计、承包等能力于一体的特强实体，在国内外市场中已经取得了一定的业绩并具有相当的影响力。宝钢金属是食品饮料领域金属彩印的龙头企业，拥有国内领先的 UV 金属彩涂印刷生产线。工业气体业务致力于以液态气和瓶装气生产为主，大力发展现场制气项目，兼顾二氧化碳、氢气、特种气体、医疗气体和稀有气体的开发和生产。汽车贸易及汽车零部件产业加强了宝钢与汽车厂的关联，宝钢产的车轮、变速阀等产品纷纷上市，宝钢金属在上海地区有十几个 4S 店，能够为用车的整个生命周期提供服务。宝钢发展深加工及服务化转型的经验主要就是围绕主业，经过近 20 年的努力，逐渐形成有竞争力、规模化的"钢铁＋服务"产业。

二是主导产品延伸加工的邢钢。邢钢致力于将主导产品进一步深加工，深加工产品更加贴近用户，能够迅速占领市场。冷成形零部件没有因加热而造成的表面粗糙及氧化，具有精确的尺寸和稳定的质量，外观漂亮，生产效率高而广泛应用于标准件等零部件的加工。北京新光凯乐（SINGU KELLER）汽车冷成形件有限责任公司是邢钢和德国 A&E KELLER 公司的合资厂，是我国最大规模的汽车冷成形异形件生产企业，主要生产、经营中、高档汽车的零部件，填补了国内高档汽车冷成形件生产的空白。新光凯乐的汽车冷成形异形件生产线是邢钢在"十一五"期间，充分延伸线材产业链，发挥邢钢高端线材专业化生产优势而建设的。产品主要是中、高档轿车所需要的专用冷成形零部件，已成功应用于美、欧、日多家国际知名汽车厂。这是钢铁企业主导产品深加工的典型成功案例，钢铁主业产品不仅有了很好的销路，主业产品的附加值也大大地提高，利润得到了最大化。面对国际金融危机的影响，新光凯乐 2012 年逆势而上，销售额已经近 1 亿元，2015 年突破 2 亿元，销售额和利润都大幅提高。目前，新光凯乐公司拥有 250、275、350、500t 德国进口 6 工位高精度冷成形机，以及计划再投入使用的 2 台 630t 伺服传动 6 工位高精度冷成形机。邢钢围绕国家"十二五"发展需求，在引进国外先进工艺与设备的同时，加大自主研发力度，降低生产成本，进一步优化调整产品结构。邢钢规划投资 28 亿元加快产业的延伸，发展深加工产业。在邢台市开发区，依托邢钢高端线材母材的优势，充分利用当地资源条件，未来 5 年计划投资 23.6 亿元发展下游深加工产业。邢钢发展深加工及服务化转型的战略是不盲目跟风，扩大产量规模，始终如一根据企业自身的特点，依托邢钢高端线材优势，发展精品线材深加工，定位高端产品和客户，并协助用户开发新产品，做到了生产、服务一体化，避免同质化竞争。这样既延伸了邢钢主导产品的产业链，提高了附加值，也使得钢铁主业和深加工产业都得到了良好的发展。

三是兼并重组型的武钢。武钢自 20 世纪 90 年代开始发展钢材深加工产业以来，通过兼并重组原汉阳钢厂等 9 个武汉"市区厂"，重组建成武钢集团武汉江北钢铁有限公司，成为武钢钢材高端深加工产品基地。其下属线材制品厂、冷弯型钢厂、襄樊钢铁长材有限公司、汉阳钢厂、精密带钢厂、机械有限公司、汉阳钢管厂、江南燃气热力有限责任公司，并与美国钢绳集团合资组建武钢维尔卡钢绳制品有限公司。目前形成了材料型深加工、营销型深加工和产业型深加工 3 种深加工模式，建立了钢结构、金属制品、钢材剪切配送三大钢材深加工业务领域，并形成了以北湖为骨干的北湖钢材深加工基地和以江北公司为核心的阳逻钢材深加工基地，同时以营销总公司为龙头的剪切配送钢材深加工也初具规模。武钢在主业结构调整中，确立了"一大目标、三个转变、五项理念"，建设具有国际竞争力的世界一流企业目标，加快推进"由单纯的生产经营型向质量效益型转变；由一业为主向一业特强、适度多元化转变；由内陆发展向沿海、国外发展转变"以加快发展方式转变。目前武汉钢铁公司形成了"1＋9"的发展模式："1"是指钢铁主业的发展，但确立不扩大产能；"9"是指九大相关板块的发展，包括国际贸易、钢材深加工、矿产资源、资源综合利用、高新技术、物流板块、冶金工程及装备制造、财务公司和现代城市服务，目前九大板块已经超过主业盈利。

四是向流通要效益的沙钢。沙钢毗邻宝钢，地处经济发达的长三角，是钢铁企业中最大的民营企业，在长期发展中，坚持走创新发展之路，转变增长方式，拓展发展领域，斥资 300 亿元建立了一个集商贸交易、产品会展、电子商务、金融服务、休闲娱乐等于一体的多功能商务区——玖隆物流园。这是国内规模最大、现代化程度最高、物流成本最低、功能配套最全的钢铁物流园区。玖隆物流园围绕"建设钢铁大超市、发展钢铁大物流"的发展思路，累计入驻企业 900 家，注册资本超 120 亿元，顺利试点钢贸在线融资平台等业务，先后获得中国服务业 500 强、2012 年度最具发展潜力物流园等荣誉，并被江苏省发改委列入"省级重点物流试点园区"。

此外，有色行业、稀土行业以及其他原材料行业也亟须服务化转型，但因为与建材、石化和钢铁行业有趋同性，本文不详细展开论述。

（二）存在的问题

1. 对制造业服务化的认识不到位

"重工业、轻服务"的思维惯性在原材料企业中普遍存在，发展生产性服务业的思路和举措较为落后。虽然我国原材料企业近年来开始重视服务化转型，并涌现出一大批制造业服务化的企业，但是由于我国服务化的起步较晚，政府部门对服务化还缺乏完善的政策支持，许多生产性服务企业的财税优惠较少。

2. 企业的专业化分工与合作的意识淡薄

原材料企业对生产性服务的需求还是以传统服务为主，缺乏专业的现代服务。AndyNeely 调查公司对全球 13000 家制造业上市公司提供的服务进行了研究，表明发达国家制造业服务化的水平明显高于正处在工业化进程中的国家。美国制造与服务融合型的企业占制造企业总数的 58%，芬兰为 51% 、马来西亚是 45% 、荷兰是 40% 、比利时是 37% 。相比而言，中国制造业的服务化进程相对滞后，具备服务型制造能力的企业仅占所有企业的 2.2% 。

3. 企业服务化运营模式有待完善

原材料企业普遍以生产、加工为主，商业竞争模式还主要是依靠低成本的价格竞争为主，通过研发、品牌、金融等环节的盈利能力还明显不足，缺乏服务理念的商业模式创新。与跨国公司快速发展的服务化转型相比，我国大部分原材料企业从制造环节向集成服务的延伸力度仍然不足，特别是在提供集成服务和整体解决方案、产品定制服务等方面存在着明显的差距。我国90% 以上的标准规范仍集中于生产领域，服务业标准相对缺乏。在工程设计、节能环保、物流仓储、服务外包等服务化的重点领域，还存在许多标准规范的空白。

4. 服务化领域复合型人才缺乏

推动原材料行业服务化转型需要复合型的专业人才，我国的教育体系还普遍缺乏对研发设计、第三方物流、融资租赁、信息技术服务、检验检测认证、节能环保服务、电子商务、商务咨询、售后服务、服务外包、人力资源服务和品牌建设等领域专业人才的培养，人才培养模式和课程设计无法满足原材料行业服务化转型的需求。相比发达国家，我国的职业教育和在职教育明显薄弱，企业员工的创新意识和服务意识也需要进一步加强。

5. 信息化服务平台亟待完善

与国外先进同行业相比，我国大部分原材料企业不能实现实时数据自动采集和数据规范管理等工作。我国石化、钢铁、建材等行业已经建立了标准化平台、销售平台、工程信息网等，但仍未搭建智能生产数据仓库，不能实现对现有生产数据的高效率管理。

三、原材料行业服务化转型的主要路径

（一）基于产品研发设计的服务转型

依托"中国制造"向"中国创造"、"中国速度"向"中国质量"、"中

国产品"向"中国品牌"转变的基本理念，实现以产品为核心的传统制造向以消费者为中心的服务型制造转变和传统的基于规模经济的大批量生产模式向大规模定制模式演变，开展个性化产品设计服务和产品功能设计服务、产品外观设计服务的工业设计服务，鼓励石墨烯应用企业和石墨烯生产企业、石墨烯研发机构进行三方协同研发，提高产品附加值、提升产品品牌价值，从而抢占市场、赢得客户。

（二）基于产品效能提升的服务转型

在产品交付客户后的运行中，通过服务化手段，开展远程诊断服务、实时维修服务、外包服务和运营服务等为主要内容的产品全生命周期服务，建立贯穿原材料产品全生命周期的信息化档案，打造实时协同全产业链环节的云制造模式，实现与动态生产线和数字化服务的互动，为下游企业实时提供远程诊断、云服务及在线监测等服务，实现产品的增值，并不断开创出新的商业模式。

（三）基于产品交易便捷化的服务转型

将提高产品交易的便捷化作为提升企业竞争力的重要手段和途径，开展消费信贷服务、融资租赁服务为主的多元化的金融融资服务，开展实时补货、零部件管理、供应商库存管理、专业物流服务、逆向物流服务等为主的精准化供应链管理服务，开展期货电子采购、现货电子采购等为主的便捷化的电子商务服务，将原材料行业的资源依赖型生产转变为信息依赖性生产，减少企业无序生产造成的成本浪费，打造企业核心竞争力。

（四）基于产品集成整合的服务转型

面对客户需求整合单一产品，实现产品组合及其协调运转，实现总集成、总承包、总服务，开展由提供单机到提供成套设备、生产线的总集成总承包基础上的系统解决方案服务，开展提供从设计、规划、制造、施工、培训、维护、运营一体化的服务和解决方案为主的专业化的整体运营维护服务，为客户提供产品的集成及全面解决方案，解决原材料企业市场适应能力差、灵活变通能力不足、升级转型速度慢的历史问题，实现高效、低耗、灵活的协同生产服务，提升企业竞争力、满足客户需求、赢得市场竞争。

（五）基于个性化需求的服务转型

实现企业发展战略从基于产品服务向基于客户需求服务的转变，将企业领先于市场的供应链、研发、销售等运营能力向外延展为服务，实现企业从产品提供商向解决方案提供商的转变，将原材料行业基于产品的产业链拓展为依托"产品＋服务"的产业链，利用其在价值链上的运营优势，提供不依托于自身产品的专业服务。通过个性化服务吸引下游企业，通过挖掘和洞察客户的潜在需求，利用强大的服务体系，开展面向客户的"一揽子""一站式"解决办法和实施成果的个性化需求服务。从而提高企业竞争力和运转效率、降低成本、为客户创造更多的价值。

四、原材料行业实现服务化转型的政策建议

（一）树立融合的产业发展观

在信息技术的推动下，产品和服务在消费全过程中相互渗透，产品拉动服务发展，服务推动产品升级，产品和服务两者的关系越来越紧密，边界越来越模糊。在现代经济体系中，产品或服务已经无法满足市场和消费者的需求。因此，既要重视原材料行业的发展，也要重视面向原材料行业的服务业的发展，推动制造业和服务业融合发展，是目前的发展战略重点。因此，要建立一体化的产业政策体系，以融合的产业发展观促进原材料行业和服务业的深度融合，要把原材料行业服务化转型作为产业结构优化升级的方向，消除服务业和原材料行业之间在税收、科技、金融、要素价格之间的政策差异，降低融合成本。同时，要从客户需求的视角整合行业管理部门的职能，制定相互协调融合的行业监管和支持政策，推动原材料行业服务化转型。

（二）选取潜力行业重点突破

重点推进石化、钢铁和建材行业的服务化转型，实施服务型制造行动计划，开展示范试点，引导和支持有条件的企业由提供设备向提供系统集成总承包服务转变，由提供产品向提供整体解决方案转变。一是大力发展融资租赁服务，依托现有示范企业在国内外市场上的品牌优势、资金优势、渠道优势、人才优势、广泛的客户资源和营销网络，联合金融服务机构，共同为客

户提供融合式的"产品+服务"。二是发展整体解决方案，除为客户提供产品外，还提供设备成套（包括系统设备提供、系统设计、系统安装调试）和工程承包（包括厂房、基础、外围设施建设）等，同时向客户提供专业化远程设备状态管理服务，对客户装置实施全过程、全天候、全方位的状态管理。三是发展供应链管理服务，为每一位客户量身定制一步到位、全方位的运输解决方案。

一是实施创新驱动战略，大力提升中国制造的自主创新能力。围绕当前国际产业竞争的热点领域，继续加大研发投入，在航空航天、集成电路、新材料等领域突破关键核心技术，大力提升中国制造的技术含量，提升制造业产品的附加价值。二是加大对自主品牌的培育和推广。加大对企业品牌培育的政策扶持，引导企业增强以质量和信誉为核心的品牌意识。研究和发布品牌培育管理体系实施指南和评价指南。三是着力优化产品结构和改善品种质量，大力发展先进制造业，生产更多具有自主知识产权的产品。四是要充分利用行业中介组织的专业作用。发挥其专业优势，广泛开展信息、咨询、交流、培训等各类促进活动，为企业开展品牌建设活动服务。

（三）打造生产型服务业功能区和公共服务平台

以中心城市为枢纽，建立服务功能区，重点发展商务、研发设计、物流、信息、金融等现代服务业，提升原材料行业结构层次，加强产业配套能力建设，增强区域辐射能力。在已有的产业集群内部或者附近，建立物流服务、研发设计、市场营销、质量检验检测认证、供应链管理等生产性服务公共平台，以降低制造业集群的交易成本，优化投资环境。在各种高新技术园区，或者知识密集型制造业的集群内部或者周边，建立为其服务的研发平台以及咨询、设计、法律、融资、工程、信息、租赁、物流和政策支撑体系。

（四）推广智能制造生产模式

信息技术是服务业与制造业融合的"黏合剂"，是促进工业转型升级和发展方式转变的推动力。将信息技术融入到生产制造、产品研发设计、经营管理等各个环节和产品性能之中，大力发展人工智能、数字制造、工业机器人以及增量制造，提高制造的敏捷性和柔性，为大规模定制生产提供可能，提高产品质量和数字化、智能化水平。推动重点行业开展智能制造试点示范，以石化、钢铁、建材等产业为突破口不断提升原材料行业的服务化水平。大力发展工业互联网，利用现代信息技术改造提升传统产业，促进制造业数字化、智能化、网络化发展，发展产品定制、柔性制造、零部件定制、个性化制造等，在规模化、批量化生产的同时，注重满足不同层面、不同客户和消费者的市场需求。进一步创新商业模式，更好服务于制造业。积极利用云计算、大数据等新一代信息技术开展商业模式创新，推动云服务、互联网金融等新型服务业态的发展。

（五）拓展服务业产业链条

加快发展研发设计、技术转移、知识产权、创业孵化、科技咨询等科技服务业，发展壮大第三方物流、融资租赁、检验检测认证、电子商务、服务外包、节能环保、人力资源服务、售后服务、品牌建设等生产性服务业，提高对原材料行业服务化转型升级的支撑能力，拓展面向原材料行业的服务业产业链条。把高技术现代服务业和高技术原材料产业融合成整体，依据现代服务业研究开发的特点，给予特殊的政策扶持，加快服务业的创新进程。同时，对服务业衍生出的 IT 技术系统解决方案、融资租赁业务、3D 虚拟仿真设计、逆向信贷等新兴服务业态，要加大支持力度。

附　录2：

我国原材料行业"去产能"策略研究

一、原材料工业去产能任务艰巨

（一）原材料工业产能过剩问题突出

当前，我国钢铁、电解铝、水泥、平板玻璃、电石、石化等传统原材料行业均存在产能过剩，不仅低附加值的普碳钢存在产能过剩，包括电工用钢、冷轧汽车板加值的钢材产品也出现产能过剩，包括聚氯乙烯、顺丁橡胶、丁苯橡胶等在内的化工新材料也都存在不同程度的产能过剩，此次产能过剩具有一定的普遍性，涉及领域范围正在不断扩大。

2015年底，我国现有粗钢、电解铝和水泥产能分别为12亿吨、3720万吨和20亿吨，但同期产量分别为8亿吨、3111万吨和13.3亿吨，产能利用率分别为67%、79.9%和66.7%。其中，水泥和粗钢产能利用率分别较2011年下降了9个百分点和13个百分点，产能过剩程度呈现加剧态势。

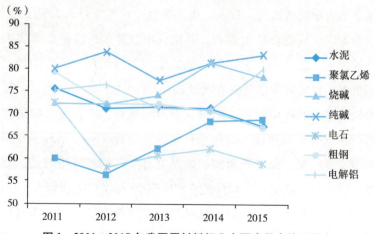

图1　2011—2015年我国原材料行业主要产品产能利用率

资料来源：赛迪智库原材料工业研究所整理。

早在20世纪90年代中期，我国就出现产能过剩，但那时的产能过剩具有阶段性特征，是相对有效需求不足的产能过剩，随着有效需求和出口数量的增大，过剩产能可以得到化解。但目前的产能过剩是长时间存在的绝对性过剩，短时间内难以靠增大需求和出口化解，具有长期性和绝对性的特征。

由此可见，此次的产能过剩涉及面大，过剩程度恶化，化解难度增大，原材料行业产能过剩问题十分严峻。

（二）产能过剩危害十分巨大

原材料行业产能过剩的危害性主要表现在几个方面：

一是行业出现大面积亏损，拖累经济增长。水泥、钢铁和电解铝等行业是我国重要的基础产业，在整个国民经济中处于十分重要的位置。但受产能过剩影响，我国原材料企业出现大面积亏损。以钢铁为例，2015年我国钢铁行业亏损企业2210家，较2011年的1146家增加了1046家；亏损企业亏损额1398.3亿元，较2011年的262.6亿元增加了1135.7亿元。近几年，山西、河北等地经济增速全国排名靠后的几个省份均受困于煤炭、钢铁、水泥等产能过剩行业的拖累。原材料行业是我国经济增长的支柱产业，如果原材料行业产能过剩的问题不能得到很好解决，必将对经济发展产生严重影响。

二是造成大量资源浪费。首先，生产项目建设需要投入大量土地、人力、财力和物力等，造成资源极大浪费。其次，项目建成后维护也需要大量的人员和资金的投入。此外，大量过剩产能的生产设备限产、停产闲置，造成设备使用率低下，也是资源浪费的表现形式。

三是滋生许多的环境问题。钢铁、电石、焦炭、铁合金、电解铝、化工等原材料行业均属于高耗能、高污染行业，并由此带来一系列包括雾霾、水污染等环境安全问题。以电石为例，如果电石生产装置采用的是内燃式或敞开式炉型，每生产1吨电石平均排放8000—9000标准立方米烟气。

四是增大转型升级压力。传统原材料行业面临产能过剩，新材料行业为其转型升级提供了新的转型思路和发展方向，但是新材料产业在发展过程中却出现了产业附加值持续降低、对低素质劳动力以及政府补贴的依赖性加强、低端产成品库存量增大、恶性的市场竞争等不协调的现象，这无疑为原材料行业转型升级增大了压力。

五是影响就业和社会稳定。以钢铁行业为例，2015 年我国钢铁业有326 万人就业，22％的亏损面，这意味着 70 多万人的工作岗位和收入出现问题，将有几十万户家庭受到影响。如此庞大的数字，将会对社会稳定造成很大影响。

六是加剧贸易摩擦。由于国内市场供给过剩，产品必然要寻求海外市场，引发贸易争端。近几年，我国钢铁行业的贸易摩擦呈现更加白热化。发生贸易摩擦的国家从最初的美国、澳大利亚、加拿大等发达国家，发展到现在的马来西亚、印度、泰国、越南等发展中国家，遭受调查的产品从最初的普通线材、普碳钢等传统低附加值产品发展到现在包括硅钢、冷轧板、涂镀板、不锈钢等高端产品。

七是金融风险增加。产能过剩行业的资金负债有相当部分来自银行或"影子银行"，2015 年我国钢铁行业重点企业的资产负债率高达 70％左右。对于存在产能过剩的原材料行业如果不能及时进行调整，不仅会增加银行的呆账坏账，还由于"影子银行"的存在，使产能过剩造成的不良影响蔓延到整个社会。

（三）中央高度重视原材料工业的去产能

2013 年，国务院发布《国务院关于化解产能过剩矛盾的指导意见》（国发〔2015〕41 号），提出通过 5 年努力，实现产能规模基本合理的目标：钢铁、水泥、电解铝、平板玻璃等行业产能总量与环境承载力、市场需求、资源保障相适应，空间布局与区域布局经济发展相协调，产能利用率达到合理水平。但是，时至今日，我国原材料行业去产能任务依然十分艰巨。2016 年，国务院发布钢铁、建材、有色金属和石化等行业发展指导意见，对产业化解过剩产能、促进产业转型升级制定了发展目标和重点任务。今后，去产能仍是成为今后原材料行业工作的重中之重。

表1　2016年原材料行业去产能相关政策

政策	发布时间	化解产能目标和任务
关于钢铁行业化解过剩产能实现脱困发展的意见	2016年2月	提出2016—2020年期间，钢铁行业压减粗钢产能1亿—1.5亿吨，要求要严禁新增产能，对违法违规建设的，要严肃问责。严格执行环保、能耗、质量、安全、技术等法律法规和产业政策，达不到标准要求的钢铁产能要依法依规退出。完善激励政策，鼓励企业通过主动压减、兼并重组、转型转产、搬迁改造、国际产能合作等途径，退出部分钢铁产能
关于促进建材工业稳增长调结构增效益的指导意见	2016年5月	提出到2020年再压减一批水泥熟料、平板玻璃产能，产能利用率回到合理区间；围绕压减过剩产能的主要任务，提出严禁新增产能、淘汰落后产能、推进联合重组、推行错峰生产
关于营造良好市场环境　促进有色金属工业调结构　促转型增效益的指导意见	2016年6月	提出严控新增产能，坚决落实《国务院关于化解产能过剩矛盾的指导意见》（国发〔2015〕41号）等有关规定，严厉查处违规新建电解铝项目；依法依规退出和处置过剩产能，引导不具备竞争力的产能转移退出，实现电解铝产能利用率在80%以上
关于石化产业调结构促转型增效益的指导意见	2016年8月	提出产能结构逐步优化目标，加快淘汰工艺技术落后、安全隐患大、环境污染严重的落后产能，有效化解产能过剩矛盾，围绕化解过剩产能的重点任务，提出严格控制尿素、磷铵、电石、烧碱、聚氯乙烯、纯碱、黄磷等过剩行业新增产能，相关部门和机构不得违规办理土地（海域）供应、能评、环评和新增授信等业务，未纳入《石化产业规划布局方案》的新建炼化项目一律不得建设。研究制定产能置换方案，充分利用安全、环保、节能、价格等措施，推动落后和低效产能退出

资料来源：赛迪智库原材料工业研究所整理。

从上述分析可以看出，我国原材料行业产能过剩普遍存在，且危害性十分巨大。它不仅影响原材料行业自身的健康发展，造成我国原材料行业产成品库存增加，市场价格大幅下滑，企业亏损严重，加剧贸易摩擦，而且还会造成资源极度浪费，行业面临的环境压力和转型升级压力增大，发生金融风险的可能性增加，拖累经济发展，影响社会稳定。因此，去产能对促进原材料行业健康发展、保持经济稳定增长及维护社会稳定都具有重要意义。当前，我国原材料行业去产能任务仍十分艰巨，特别是原材料行业作为国家的支柱产业和基础产业，产能过剩已经成为阻碍工业转型升级、制约经济发展发展和影响社会稳定的突出问题，如果不能得到妥善处置，将对经济发展和社会稳定造成巨大冲击，化解产能过剩问题迫在眉睫。

二、原材料工业产能过剩的成因分析

（一）宏观形势误判是根源

由于缺乏对行业供给和消费的准确把握，在需求快速增长过程中容易出现产能的无序扩张，导致产能过剩的形成。一方面，我国尚未建立科学完整的产能统计体系，至今我国还没有摸清我国原材料行业的真实产能。另一方面，我国缺乏对原材料行业消费量的准确预测。从以往的经验看，有关部门对需求的预测与实际数据差异较大。以钢铁工业为例，据国家相关部门预测，2005 年我国粗钢需求量为 1.4 亿吨，而当年实际消费 3.5 亿吨，实际消费超出预测 2 亿多吨；预测 2010 年粗钢需求量为 3.2 亿吨，而当年实际消费约为 6 亿吨，预测值和实际需求量相差 2.8 亿吨。因此，尽管长期以来我国钢铁、电解铝、水泥等原材料行业一直进行压缩产能，实施产能总量控制，并且每年的压缩产能任务也都能够完成，但由于缺乏产能数据和需求数据之间的比较，难以对产能过剩作出正确的评估和预警，因此造成我国原材料行业产能过剩状况依旧。特别是在经济不景气时，有些宏观政策的实施进一步助长了传统行业的产能过剩。2008 年爆发国际金融危机后，国家投资 4 万亿拉动经济发展，受此影响，企业普遍看涨未来市场需求，投资热情高涨，进一步推高了产能过剩风险。经济增长乏力，加之后来的房地产调控政策，导致钢铁、水泥等传统原材料行业的市场需求增长乏力甚至出现下滑，使得产能过剩问题更加突显。

（二）体制机制弊端是动因

一是政府的干预，弱化了企业的市场主体地位，出现"中央控，地方开绿灯"的博弈。在现行分级管理体制下，地方政府既是国家进行经济管理的一个层次，要执行中央政府的各项决策，维护国家的整体利益；同时，地方政府又是组织本地区经济活动的主体，需要维护自己本地区的局部利益，并根据本地区利益作出相关决策。一旦整体利益与局部利益发生冲突，地方政府往往为了自身的局部利益而作出不利于整体利益的决策，甚至不惜与中央政策背道而驰，出现一边是中央政府为了化解产能过剩矛盾，进行宏观调控，加快落后产能淘汰工作，严控新增产能，一边是地方政府为了地方财政税收、就业等局部利益，以提供低价土地、低息贷款等优惠政策，为企业投资扩产大开方便之门。"铁本事件"就是地方政府与中央政府进行利益博弈的典型。正是由于"中央控、地方开绿灯"的双方利益博弈，使得我国原材料行业产能处于"越控越过剩"的尴尬境地。

二是地方政府手中权力扭曲了要素市场价格，激励了企业的投资行为。首先，地方政府以低地价甚至零地价方式提供给在本地区投资的企业，这实际上是为投资者提供投资补贴。因为土地并不是产能投资中的沉没成本，在项目运营结束后，可以转让，因而土地购置成本并不是企业产品生产和销售成本的组成部分。其次是地方政府借助手中权力对金融活动进行干预，一方面利用配套条件引诱银行在本地投资，另一方面通过默许、容忍甚至鼓励本地企业用展期、拖欠等方式攫取全国性金融资源，为企业投资降低和转嫁了融资成本和风险成本。再有是地方政府对企业的投资补贴环保制度缺陷及地方政府对本地企业以环境换效益行为的纵容，以牺牲外部成本换取企业效益。此外，税收豁免、直接转移支付等多种形式的投资补贴也严重扭曲了企业的投资行为和竞争行为。总之土地的模糊产权、金融软预算约束、环境外部性以及投资补贴都是的企业投资要素成本市场价格发生扭曲，造成企业管理者在进行生产经营决策的时候不需要对其决策的后果负责，企业的行为出现异化，出现投资冲动，盲目扩大投资规模。铁本从最初计划200万吨产能项目到最后目标产能840万吨的变化就是很好的证明。

（三）行业监管不力是助推器

国家规定，对于我国钢铁、水泥等大型项目上马之前，都要经过层层行政审批。但是，地方政府为了自身利益，往往将中央政策束之高阁，政府监管职能处于空位，不仅对企业在项目未经环评、安评等一系列批复就进行开工建设的违规违建行为采取默许态度，使得我国"未批先建、边批边建"的项目比比皆是。2014年7月曾有报道称，黑龙江一条未经环评、采矿权、安评批复的水泥生产线在3月开工建设，居然还成为当地一项"市重点招商引资项目"。更有甚者，为了帮助企业尽快实现项目运营，地方政府还利用手中权力为企业发展提供廉价土地、提供企业授信贷款额度，出现类似"铁本事件"的政企合谋行为。地方政府本是行业的监管者，如果能加强监管，严控违规违建产能项目上马，就能大量减少违建产能。但与之相反，本应该担负监管责任的部门却当了这些违规违建项目的保护伞，使得我国存在一大批违规违法建设项目产能存在。

（四）企业的短期逐利是执行者

一是企业预期的非理性导致企业投资的盲目性。企业作出投资决策是基于对未来市场预期增长的判断。但由于信息不对称，企业大多会对市场趋势发生误判，认为需求增长将会持续下去，并盲目地认为企业在进入该行业后，在资金、技术与管理优势等诸多方面比竞争对手更具有优势，在误判和乐观预期下，容易导致企业在投资决策时做出错误的选择。二是要素成本形成机制的扭曲激励了企业的投资行为。由于体制弊端影响，受地方政府支持的企业在土地、信贷等成本要素方面明显优于外来竞争者。一旦要素价格较低，要素使用者就会获得更多的利润，为了追求短期利润，这些企业往往以牺牲外部环境为代价，不断扩大投资规模和生产规模以实现利润最大化，并最终导致产能过剩。三是企业创新动力不足，创新能力较弱，决定了企业投资方向的低水平和重复性建设的存在。因此，企业在选择投资项目时，难以发展高精尖产业，只能依托自身资源优势，以廉价的劳动力及牺牲资源和环境为代价，选择发展技术含量较低的传统产业，"傻大笨粗"的原材料行业也就自然而然地成为企业的最好选择。企业的个体无奈选择行为最终放大至群体的无奈选择行为，并最终形成了原材料产业的产能过剩。

三、去产能面临的两难困境

目前我国原材料行业去产能与宏观经济和新兴产业发展等密切相关，涉及人员安置、资产负债处置等各项工作，去产能的任务负担重，影响因素多，去产能的成功与否对社会和经济发展的影响重大。但目前去产能面临需求放缓、新兴产业发展乏力、职工再就业压力大、资产负债处置复杂化等不利环境。

（一）稳增长与去产能的矛盾

之前三次产能过剩之后，都出现过一段时期的经济高涨期，受此影响是需求的增加，从而使产能过剩矛盾逐渐得以阶段性化解。如20世纪90年代中期，钢铁行业就曾出现产能过剩，但随后几年在中国投资、消费和出口三驾马车的拉动下，钢铁产量快速增长，原来的过剩产能得以消解。但是目前我国进入重工业化阶段，经济增速放缓，我国对钢铁、建材、电解铝等行业的消费需求增速放缓，甚至开始跨越拐点，进入下滑。另外，全球贸易摩擦加剧，国际需求不振，原材料出口难度加大。这样的背景下，过剩产能难以通过需求增长得以消解，去产能化的过程将会面临更大的挑战。

（二）新兴产业发展乏力与化解过剩产能紧迫性的矛盾

促进原材料行业转型升级是化解产能过剩的有效措施，但却处在转型方向选择"不知何去何从"的彷徨期。一方面是产能过剩行业富余人员寻求新的就业机会和资产寻求新的发展方向的双重需求，亟待有新兴产业来承接。但另一方面，在面临创新能力不足、技术水平不高、人才队伍缺乏等问题的情况下，新兴产业培育缺乏技术的有效指引和有力支撑，新兴产业培育遭遇诸多发展瓶颈，这将对化解原材料行业产能过剩产生不利影响。

（三）就业困难与企业人员安置的矛盾

当前，我国就业压力已然十分突出。一方面，我国每年有数以百万计的毕业生走出校园，开始迈向社会寻找工作岗位；另一方面，随着技术的不断发展，工业自动化发展的日益进步，机器换人已成为今后工业发展的重要趋势，技术的进步导致工作岗位减少。化解过剩产能是当前我国经济发展的主要任务，而过剩产能的退出势必带来人员安置问题。人员安置问题不仅是一个经济问题，更是一个社会问题，如果化解过剩产能过程中人员安置不当，必然会对今后我国经济和社会的平稳发展产生不利影响。人员安置任务繁重表现在两个方面：一是数量大。据有关机构测算，未来2—3年内，我国煤炭、钢铁、水泥、造船、电解铝等主要产能过剩行业将有大约200万—230万冗余人员需要安置。若同时考虑平板玻璃、化工及各产能过剩行业上下游相关产业，总这一数字会更大，大约300万—350万人。二是待安置人员再就业能力差。目前需要安置的人员绝大多数技能单一，文化水平不高，综合素质较低。以钢铁行业为例，以河北省来看，其多数钢铁企业特别是民营钢铁企业的职工中，农民工比例约占80%，有的企业农民工比例甚至超过90%以上。这些工人接受转岗培训能力较低，再就业能力较差。由此可见，去产能面临繁重的人员安置工作任务，面对日益严峻的就业形势，为我国再就业人员安置工作提出了更大的挑战。

（四）资产债务处置困难与去产能诉求的矛盾

在原材料行业去产能过程中，资产债务处置问题不可避免，然而我国原材料行业资产债务在资产债务处置方面还有很多难题需要解决。从资产来看：一是我国资产构成多样化，加大资产估值难度和破产清算难度，我国原材料行业资产构成中往往包括大量国有资产，在处置过程中，要尽力实现国有资产保值增值，避免国有资产的流失。二是传统原材料行业生产设备具有专用性，限制了设备处置方式的选择，加大了资产的处置难度。三是国外对淘汰产能过程中的设备处置有一套制度化的流程，但我国目前对固定资产处置尚未形成制度化。从债务来看：一是企业债权债务关系非常复杂，有些企业既有对银行的负债，也有上下游之间的应付账款，以及企业之间的担保等，还有的涉及民间借贷等"影子银行"，这些错综复杂的债务关系给企业兼并重组和破产清算都带来很大难度，如果处理不好会带来严重的不良反应。二是原材料行业企业负债率高，以钢铁行业为例，2015 年钢铁行业资产负债率高达70%。如果债务处置不当，不仅银行出现呆坏账的风险加大，对于涉及"影子银行"的违约风险也会增大，而且影响也十分广泛，增大社会的不稳定因素。

四、策略建议

（一）建立科学的预测评估体系

一是建立产能数据统计体系，动态掌握原材料行业现有产能、新增产能、拟建产能、在建产能及产能淘汰等情况，让企业和投资者及时准确地了解行业产能及相关信息，为化解产能过剩提供数据支撑。二是结合宏观经济发展条件及相关行业发展情况，对未来原材料行业需求数量和需求结构进行科学预测，为合理规划产业发展提供支持。三是构建科学的产能过剩评估体系和预警制度，为企业和投资者提供参考，使其理智决策进入或退出市场行为，商业银行据此控制信贷投向和规模，防止投资过度，规避金融风险。

（二）积极推进体制机制改革

一是改变政府官员晋升体制，积极调整财税体制。首先，不应再以 GDP 增长作为政府官员政绩的考量指标，杜绝地方政府为片面追求 GDP 增长而过度干预企业投资。其次，要理顺中央与地方之间的利益分配机制，地方政府不能盲目扶持鼓励高税收行业发展。二是要对现有土地管理制度进行改革，土地产权要进一步明晰，促进土地市场的价格形成，防止地方政府以低价供地的形式变相为企业提供补贴现象的发生，防止价格形成机制的扭曲。三是大力推动金融体制改革，强化银行预算约束，理顺地方政府与银行的关系，减少地方政府对金融机构的干预，鼓励银行通过市场手段为企业提供贷款，促进公平竞争环境的形成。四是理顺政府与市场的关系，引入环保、安全、健康等社会学管理手段，尽量减少产能审批、指标分配等经济性管制手段，改善和规范管理制度和措施，减少政府过度干预，发挥市场主导作用；创造公平竞争的发展环境，竞争政策逐步取代产业政策，普惠性补贴代替专项性补贴，以避免特定扶持或补贴带来的企业行为的扭曲；地方财政要公开、民主，尽量避免为企业投资提供财政补贴，从而减少市场出现不公平竞争的可能性。

（三）培育和壮大新兴产业发展

培育和壮大新兴产业发展，促进原材料行业转型升级。一是依托现有产业基础，积极做好新材料产业规划建设工作，结合各地资源特色，发展特色新材料产业基地；科学预测新材料产业发展规模、技术趋势，发挥市场资源配置功能；鼓励地区间差异化发展，避免地区间项目重复建设，防范地区产业趋同化发展。二是围绕原材料产业发展，积极发展电子商务、技术咨询等生产性服务业，促进传统原材料行业转型升级。三是完善落实创新驱动发展政策措施，营造激励创新的公平竞争环境、建立技术创新市场导向机制、完善成果转化激励政策、创新人才激励机制等工作内容，加大政府对科技创新投入，集中力量突破制约新兴产业发展的技术瓶颈，提升企业技术创新能力。四是加快完善"大众创业、万众创新"环境，围绕为新兴产业发展提供新动力，重点研究提出设立新兴产业创业投资基金，建设孵化平台、双创示范基地和创业创新技术平台总体思路、目标、具体任务和项目。五是推动"互联网＋"和新兴产业融合发展，依据优势和特点，选择在协同制造、电子商务、新材料等领域，开展"互联网＋"试点示范工程。

（四）加快清理"僵尸企业"

一是建立处置"僵尸企业"的工作协调机制，科学界定和甄别"僵尸企业"，制定处置"僵尸企业"的实施方案，有序扎实推进处置工作，落实好国家相关税收、补贴等优惠政策。二是构建专业化处置平台，建立健全"僵尸企业"数据库，集中实施关停企业出清和特困企业退出工作，规范操作，实现国有资产效益最大化。三是以企业为主体，充分发挥市场机制作用，探索"僵尸企业"混合所有制改革的有效途径，产权多元化改革与国有资本结构调整相结合，促进国企转换经营机制，放大国有资本功能，提高国有资本配置和运行效率。四是因企施策。对有条件的"僵尸企业"要加快其转型升级步伐；对资不抵债但产品具有发展潜力的"僵尸企业"，可以通过产权重组、债务剥离、债务重组等方式方法，降低企业债务负担，加快企业发展；对经营困难、丧失竞争力的"僵尸企业"，要帮助引导其产能退出，加速其破产进程，解放其占用的土地、资金等生产要素，以支持发展其他优势企业或优势产业。

（五）妥善处置企业资产负债和人员安置问题

妥善处置去产能过程中的资产负债。一是成立资产负债处置领导小组，负责资产负债处置的指导、监督和审核工作，制定适宜的资产负债处置方案并监督实施。二是聘请专业评估机构，对企业资产进行全面、科学、合理的评估。三是创新金融业务，促进企业资源整合，优化信贷资产并进行证券化改造。

积极做好去产能带来的人员安置问题。一是各政府部门的密切合作，成立化解过剩产能人员安置工作协调小组，统一思想认识，共同寻求人员安置问题的最优解决途径，在人员安置工作过程中，政府机关要充当服务生，积极为人员安置工作提供帮助。二是加强政策宣传，做好职工调研工作，尤其是做好职工的摸底调研工作，了解职工各方面情况，为后期人员安置做好铺垫。三是健全人员安置工作机制，如完善劳动关系、就业岗位、保险补贴相互衔接的配套制度，建立社会保险、工资收入与就业相协调的联动机制，建立困难群体再就业长效帮扶机制，建立以创业促就业的倍增机制，加强劳动保障服务载体建设等。四是完善人员安置服务体系，如做好失业救济、失业医疗补助、失业人员管理等工作，为失业人员再就业提供帮助；发挥就业信息平台积极作用，为失业人员介绍工作；加强职业培训，提高员工再就业技能。五是拓宽人员安置渠道，如鼓励提前退休、自谋职业和自行创业；大力发展农产品深加工和服务业，积极促进转业安置；通过税收优惠、补贴等措施，发挥现有企业的积极作用，鼓励其多吸纳人员就业等。六是做好人员安置的托底工作，推动政策落到实处。分区施策，因人施策，因事施策，对于化解产能压力较大的地区，可以制定人员安置的特殊补充政策，对于一线工人、技术人员、管理人员等人员采取不同的安置方式，针对不同问题采取不同的对策。

（六）强化去产能的监督落实

一是坚决严控新增产能，严防去产能出现"不减反增"现象。各相关部门和机构不得为过剩行业新增产能项目办理供地、能评、环评、生产许可审批和新增授信支持等相关业务，坚决杜绝"政企合谋"，防止类似"铁本事件"的发生。二是继续开展国土、环保、能耗、质量、安全联合执法专项行动，采取地区自查、媒体暗访、执法专项行动和联合督查等多种形式，通过集中检查和随机抽查相结合，坚决遏制违法违规项目建设。三是加大淘汰落后产能力度，监管部门加强原材料生产企业的环境监管与质量督查，开展原材料行业污染专项整治活动，对存在环境污染的企业予以严惩；加强质量专项治理等活动，严格控制产品市场准入条件，杜绝低端产品以次充好。四是严格落实各方责任，对打击新增钢铁产能和违法违规制售钢铁产品不坚决、化解过剩产能不力甚至搞地方保护、给违规产能和制售"地条钢"企业充当保护伞、知情不报的，要严肃依法追究有关领导和相关工作人员的责任。五是加强对企业的核查工作，对到期换证企业逐一进行前期现场核查，核实企业的建设时间、生产工艺、经济规模是否符合产业政策规定，检验环节是否符合国家、行业标准，产品是否存在安全隐患，是否存在新建、扩建等擅自扩大产能行为等，对不符合政策规定的企业进行必要的技术改造，对无法达到政策规定的企业，报请上级部门，坚决依法不予换发证；对于已经换发生产许可证的企业，加强证后监督，对检查中发现的不符合政策规定的企业，依法责令停止生产销售，并限期整改。

（七）　推动国际产能合作

一是充分考虑国际合作目标国家经济发展需要，结合我国产能过剩实际情况，依据区位优势、资源优势及产业特点，加大对外直接投资力度，以此化解部分过剩产能。如澳大利亚、巴西、哈萨克斯坦和蒙古等国具有较为丰富的铁矿资源，鼓励钢铁企业去这些国家和地区建设海外资源基地，以铁矿开采、建设钢铁厂等形式扩大上游环节对外投资，同时适度发展钢铁生产及钢材加工环节；对工业发展水平比较落后而自身消费增长动力较大的马来西亚、印度尼西亚、阿富汗和老挝等国家，鼓励企业对这些国家和地区加大直接投资力度，通过直接投资设厂或并购重组建立生产基地，借机转移国内过剩的水泥、钢铁等产能。二是加快实施"一带一路"倡议，对沿线国家的基础设施建设进行投资，以此间接带动国内钢铁、有色金属、玻璃、水泥等产业的部分生产加工环节向外转移。三是发挥和强化现有企业和政府主导建设的境内外商品批发贸易中心、经贸合作区、经贸合作联盟，乃至各种境内外经贸展会、推介会等国际经贸平台的作用，密切关注并采取切实可行措施，扩充各类中介平台的种类和规模，引导平台有序健康发展，以充分利用国际市场化解国内产能过剩。四是加强对外政策磋商，推动合作国为我国企业营造公平竞争环境，推进产能国际合作，与"一带一路"沿线和国际产能合作重点国家深入开展规划对接和项目对接；建立国际产能合作联盟，充分发挥其沟通协调作用，提高其对国际产能合作的服务能力。

附 录3：

我国原材料行业智能制造研究

我国的原材料行业正面临经济下行压力和产能过剩矛盾叠加、生态文明红线和要素成本约束日益突出等挑战，整体由"高速发展期"进入"转型调整期"，依靠资源密集、规模扩张、低劳动成本和环保标准等支撑的传统发展模式已不可持续，行业发展面临市场、技术、资本和产业转移等多重激烈竞争，形成倒逼行业加快转型升级的新动力。原材料行业通过智能制造实现研发设计、生产制造和销售服务等过程的全生命周期管理和工艺流程优化，有助于缩短产品开发周期，稳定制造工艺，实现产品质量的精细化管控，提高劳动生产效率，优化能源资源配置，进一步提高原材料行业快速响应市场变化的能力，巩固和扩大我国原材料产品的国际竞争优势。因此，智能制造是我国原材料行业转型升级的重要途径。

一、原材料行业推广智能制造势在必行

（一）顺应工业发展趋势

主要发达国家正在向智能制造阶段迈进。美国、德国、日本等世界主要发达国家已经走过了机械化、电气化、数字化发展阶段，正在实施以重振制造业为核心的"再工业化"战略，通过制造过程中人机物的有机融合、专家系统的有效推广，实现高度集成化和智能化的制造，并部分取代制造过程中人的脑力劳动。例如，美国2012年提出工业互联网革命，借助工业互联网，实现智能设备、人和数据的有机连接。德国2013年正式实施以智能制造为主体的"工业4.0"战略，将彻底改变制造业的产业链、价值链和产业模式，在全世界引起强烈反响。日本2011年发布第四期《科技发展基本计划》（2011—2015），部署了多项智能制造领域的攻关项目。英国提出"高价值制造战略"，重构制造业价值链。智能制造已成为主要国家提振实体经济、打造

国际竞争新优势的战略举措。

中国制造业面临做大做强的巨大压力。2015 年发布的《中国制造 2025》明确提出要以创新驱动发展为主题，以信息化与工业化深度融合为主线，以推进智能制造为主攻方向，建设制造强国。智能制造——制造业数字化、网络化、智能化是新一轮工业革命的核心技术，更是"中国制造 2025"的制高点、突破口和主攻方向。智能制造不仅仅是单一先进技术和设备的应用，而是新模式的转变，高效灵活的生产模式、产业链有效协作与整合、新型生产服务型制造、协同开发和云制造都是其很明显的优势。

智能制造是原材料工业转型升级的战略选择。以钢铁、有色、石化、建材等为代表的原材料工业增加值大约占工业增加值的 30%，是国民经济的基础产业，是实现中国制造业由大变强的重要支撑。当前，原材料各行业产能结构过剩、资源环境约束增大和企业效益总体下降等行业共性矛盾突出，严重影响着行业的可持续发展。原材料行业必须改变传统的发展思路和方式，寻找新的发展动能和空间。智能制造正在引发影响深远的产业变革，形成新的生产方式、产业形态、商业模式和经济增长点，大力发展智能制造是原材料工业应对挑战和转型升级的战略选择。

（二）提升行业竞争优势

我国原材料工业低端产品过剩、高端不足矛盾突出。我国原材料行业在中低档产品制造领域优势明显，部分高端产品已经开始实现产业化，具备一定竞争优势，但受生产制造自动化、信息化、智能化水平不高的制约，普遍存在产品质量稳定性差、成材率低等问题。例如，在钢铁领域，我国量大面广的普通级别钢材已经满足国内需求，但在高级别钢材生产过程中，合格率、成材率、产品性能的稳定性与国外同级产品还有差距，且钢材级别越高，这一问题越突出。在铝加工领域，我国已初步形成了 2×××系和 7×××系铝合金的产品系列、材料牌号和状态体系，能够初步提供部分规格、状态的产品，但产品性能不稳定、一致性差，生产成品率低，成本和加工昂贵，材料性能基本达到技术标准要求，但距国外同类产品的实物水平仍有一定差距。

智能制造是推进我国原材料工业高端化的重要方式，是提升行业竞争力的关键。在原材料行业实施智能制造，对现有材料生产企业进行数字化智能化改造，优化产品设计和生产制造工艺流程，促进装备智能化，不仅可以推进中低端产品向中高端产品转变，提升产品附加值，提高产品质量，而且可以提高劳动生产率，降低制造成本，更重要的是可以进一步提高原材料行业快速响应市场变化的能力，加快原材料行业供给侧改革，巩固和扩大我国原材料产品的国际竞争优势。

（三）冲破行业发展瓶颈

原材料行业是典型的能源、资源密集型产业。"十二五"期间，我国原材料行业全行业、大规模推进节能和资源综合利用，主要产品的单位能耗大幅下降，能效整体水平进一步提升，工业经济发展过度依赖资源的状况逐步得到改善，但原材料行业能耗在工业能耗中的比重依然偏高。2013年至2015年，石化、化工、钢铁、建材、有色金属等高耗能行业在全部规模以上工业中的比重仍然高达27.8%—28.9%，由于高耗能行业比重较大，79.6%的工业能耗主要用于钢铁、有色金属、水泥、化工、纸张原料等基础材料的生产。未来采用新工艺和技术带来的节能减排指标仅有10%的优化空间，除非出现革命性或颠覆性的工艺技术突破，原材料行业实现能耗大幅下降比较困难。按照德国、英国等发达国家的经验，从国家工业生态系统层面，基于材料全生命周期的效率提升带来的节能空间则在30%以上，其中在产品的全生命周期中广泛应用数字化、网络化、智能化技术，发展智能制造，是实现行业绿色发展的关键。

智能制造是原材料工业走新型工业化道路的必然选择。面对国家节能减排战略的需求，原材料产业加快转型升级，解决主要原材料工业产品能源和资源消耗过高仍是重中之重。我国原材料工业要满足"既要金山银山，又要绿水青山"的发展要求，必须走资源、能源节约型和环境友好型发展的新道路，迫切需要应用数字化、网络化、智能化技术和装备，推行智能制造，持续深化信息技术在制造过程的应用，进一步推进物质流、能量流、信息流和资金流的深度融合，提升快速获取信息、准确分析和评估信息及优化决策的能力，提升企业生产运营的智能化水平，降低能源资源消耗、实现生产过程的绿色化，从根本上解决资源、能源和环境约束问题。

二、原材料行业智能制造进展和面临的障碍

智能制造工程是《中国制造2025》的五大重点工程之一，明确提出"依托优势企业，紧扣关键工序智能化、关键岗位机器人替代、生产过程智能优化控制、供应链优化，建设重点领域智能工厂/数字化车间。在基础条件好、需求迫切的重点地区、行业和企业中，分类实施流程制造、离散制造、智能装备和产品、新业态新模式、智能化管理、智能化服务等试点示范及应用推广"。

原材料行业智能制造是将数字化智能化渗透到企业生产经营的各个环节，与生产要素和生产特点全面融合，系统整合集成与协同，支撑创新的业务新模式，是将先进制造模式与现代传感技术、网络技术、自动化技术、智能化技术和管理技术融合，是两化深度融合发展的产物，将实现自动化、数字化、可视化、模型化、集成化，提升感知能力、协同能力、优化能力、预测和分析优化。目前，国内原材料行业的智能制造仍处于探索和尝试阶段。

（一）发展现状

1. 钢铁行业

"十二五"以来，信息化技术在钢铁生产制造、企业管理、物流配送、产品销售等方面应用不断深化，关键工艺流程数控化率超过65%，企业资源计划（ERP）装备率超过70%。开展了以宝钢热连轧智能车间、鞍钢冶金数字矿山为示范的智能制造工厂试点，涌现了南钢船板分段定制准时配送（JIT）为代表的个性化、柔性化产品定制新模式。钢铁交易新业态不断涌现，形成了一批钢铁电商交易平台①。工业和信息化部于2015年和2016年开展了智能制造试点示范，其中，钢铁行业重点围绕流程型智能制造、大规模个性化定制、远程运维服务等方面开展试点示范，共计110个试点示范项目中，涉及钢铁行业的有4个。

国务院《关于钢铁行业化解过剩产能实现脱困发展的意见》（国发〔2016〕6号）指出，引导钢铁制造业与"互联网+"融合发展，"与大众创

---

① 《钢铁工业调整升级规划（2016—2020）》。

业、万众创新"紧密结合，实施钢铁企业智能制造示范工程，制定钢铁生产全流程两化融合解决方案。《钢铁工业调整升级规划（2016—2020 年）》指出，"十三五"期间，要通过重点培育流程型智能制造、网络协同制造、大规模个性化定制、远程运维 4 种智能制造新模式的试点示范，总结钢铁工业智能制造的发展路径，提升企业品种高效研发、稳定产品质量、柔性化组织生产、成本综合控制等能力，满足客户多品种、小批量的个性化需求，提高钢铁产品实物质量稳定性、可靠性和耐久性。

表1　部分钢铁企业智能制造开展情况

企业	做法和经验
宝钢	1. 建立智能车间。2014 年以 1580 热轧产线智能车间为突破口，以工业互联网数据集成、智能机器人为着力点。 2. 开展国际合作。2015 年开展《宝钢西门子联合探索工业 4.0 项目》。 3. 推广商业技术模式。2016 年与西门子签署《宝钢与西门子智慧制造（工业 4.0）战略协议》，进一步推进智能制造，建立可在钢铁行业或其他行业推广的商业技术模式，为中国供给侧改革提供实施典范。
南钢	1. 实施机器换人。以关键环节机器换人为抓手，尝试和实践全工序机器换人，提升智能化生产水平。2015 年，测温取样机器人成功用于南钢电炉炼钢生产。 2. 注重与国外先进企业合作。与德国巴登集团共建中德巴登南钢智能制造协同创新基地，培养更多管理人才和技术人才，深入开展智能工厂合作，打造全流程的智能制造、智能服务、智能物流的板材生产线。 3. 开发智能装备。合作开发精炼炉机器人、转炉连铸机结晶器自动加保护渣机器人等特种智能装备。 4. 开展行业智能服务。进一步拓展与巴登集团在冶金机器人应用、环保项目咨询、工厂培训等领域的合作，逐步开拓中国冶金机器人服务市场。
梅钢	1. 加强学习、提高认识。开展《对梅钢智能制造的思考》《对梅钢智能制造技术工作推进的初步想法》专题学习研讨。 2. 明确目标稳步推进。围绕减少人工作业，提升自动化能力；全面推进区域化、工序化的信息监控、管控平台建设；制定智能制造规划等五大计划目标稳步推进，逐步实现从机械化、自动化、信息化到智能化转变。 3. 系统策划分步推进。成立智能制造推进项目团队，对 83 个智能制造项目进行分类推进，充分利用好原有资源，及时投入急需的资源，同时充分发挥各单元推进智能制造作用，鼓励各单元有计划有步骤推进。 4. 超前规划有效推进。编制《梅钢信息化暨智能制造专项规划（2016—2021）》，明确公司今后 1 年、2 年、3 年，甚至 5 年、10 年的智能制造推进工作。

续表

企业	做法和经验
沙钢	1. 使用工业机器人，如电炉炼钢测温、方坯喷号机器人和智能识别装置。 2. 建立自助发货系统，实现出库单、发货码单、送货单自助打印功能。 3. 应用移动终端。实现手机技术监督系统、PDA（掌上电脑）等移动设备在线点检、安全督察、废钢定级、在线技术监督等应用。 4. 建立线上物流园，加快推动玖隆钢铁物流园建设。
鞍钢	1. 信息化建设稳步推进。逐步建设 GIS 三维综合地质信息系统、基础数据自动采集系统、生产执行系统（MES）、决策分析系统等，AMS（鞍矿管理系统）；"自觉云"应用系统。 2. 推进"智慧矿山"建设，重点发展"智慧人本管理""智慧决策支持""智慧业务协同""智慧生产执行""智慧设备管控"。

资料来源：赛迪智库原材料工业研究所整理。

2. 有色行业

计算机模拟仿真、智能控制、大数据、云平台等技术逐步应用于有色金属企业生产、管理及服务等领域，国内大型露天矿和地下矿数字化和智能化建设取得重要进展，铜、铝等冶炼生产智能控制系统，铜、铝加工数字控制成型技术，基于"互联网＋"的电子商务平台等逐步推广，行业两化融合水平不断提高[1]。工业和信息化部于 2015 年和 2016 年开展了智能制造试点示范，其中涉及有色行业的有 4 家企业。

国务院办公厅《关于营造良好市场环境促进有色金属工业调结构促转型增效益的指导意见》（国办发〔2016〕42 号）指出，技术创新的重点任务之一是在有色行业推动智能制造。一是在重点领域开展数字化矿山、智能制造示范工厂试点，提升企业研发、生产和服务的智能化水平，提高产品性能稳定性和质量一致性。二是鼓励业态创新和模式创新，促进"互联网＋"与企业生产经营全过程融合，推广个性化定制、柔性化制造，满足多样化、多层次需求。《有色金属工业规划（2016—2020 年）》提出，建设若干家数字化矿山、智能工厂以及智能云服务平台，探索与实践有效的经验和模式，不断丰富成熟后在行业内全面推广，改造现有生产线，推动生产方式向智能、柔性、精细化转变，建立"互联网＋"协同制造的产业新模式。

---

[1] 《有色金属工业发展规划（2016—2020 年）》。

表2　部分有色企业智能制造开展情况

企业	做法和经验
铜陵有色	1. 推进智能化升级。以"双闪"项目为抓手，加大企业技改投入，推行机器换人，建设智能车间，改造提升传统产业，在整个闪速熔炼、闪速吹炼工艺链条上，95%以上实现智能化自动化改造。 2. 跨界合作实现"互联网＋"。安徽移动为铜陵有色搭建"智能仓储"管理系统，借助移动互联网技术，实现产品的智能进销存，做到对产品生产状况的精准掌握，提高了售后服务水平。
江铜集团	1. 制定战略目标。以智能制造为切入点和突破口，通过试点项目实施，带动推进公司数字化车间、智能工厂（矿山）的建设新模式，提升公司生产制造、企业管理、销售服务的智能化水平和运营效率效益，进而完善创新体系和综合标准化体系，打造企业竞争新优势，实现公司智能制造跨越式发展。 2. 试点先行，内部推广。以贵溪冶炼厂为试点，按照智能生产线、数字化车间、智能工厂分步建设的思路，逐步整合建设智能制造工厂。同时，推动标准化工作，形成可量化、可考核、可复制的智能制造经验，在内部进行推广。 3. 推进互联网融合创新。加强云计算、大数据、物联网、移动互联网与生产制造的融合应用，促进全产业链、全价值链的信息交互和集成协作。

资料来源：赛迪智库原材料工业研究所整理。

3. 石化行业

超过90%的规模以上石化生产企业应用了过程控制系统（PCS），生产过程基本实现了自动化控制。生产优化系统（APC）、生产制造执行（MES）、企业资源计划管理系统（ERP）也已在企业中大范围应用，生产效率进一步提高。石化、轮胎、化肥、煤化工、氯碱、氟化工等行业率先开展智能制造试点示范[①]。2015年11月，工业和信息化部在中国石化九江分公司召开石化行业智能制造现场经验交流会。此前，工信部连续两年开展了智能制造试点示范专项行动计划，在全国遴选了110个示范项目，石化行业是11家，包括九江石化、镇江炼化、中煤集团的煤化工智能工厂、东岳集团的氟化工智能工厂，新疆天业集团的氯碱智能工厂、翁福集团的磷化工智能工厂等。当前石化工业数字化和智能化处于较高水平。

《石油和化学工业"十三五"发展指南》指出，着力改造提升传统产业，

---

① 《石化和化学工业发展规划（2016—2020年）》。

加强创新与深化改革。《"十三五"国家科技创新规划》对石化行业科技工作提出了更高要求，部署了一批重大科技项目，力争到 2030 年有所突破，智能制造是其中之一。国务院办公厅《关于石化产业调结构促转型增效益的指导意见》（国办发〔2016〕57 号）提出，扩大石化产业智能制造试点范围，鼓励炼化、轮胎、化肥、氯碱等行业开展智能工厂、数字化车间试点。《石化和化学工业发展规划（2016—2020 年)》提出，围绕智能工厂标准体系制定、建成 80 家以上智能工厂、工业互联网开发与应用、智慧物流和电子商务培育四个领域实施石化化工智能制造工程。

表3　部分石化企业智能制造开展情况

企业	做法和经验
中国石化	1. 确立智能工厂"一把手"。4 家试点单位"一把手"担任智能工厂建设的总指，组织方案论证、流程优化，推动项目实施和管理变革。 2. 总体规划、统筹推进。统一编制智能工厂的总体规划，统一组织系统开发和试点建设。借助先进的项目及技术管理经验，避免重复开发、资源浪费现象。 3. 坚持创新驱动发展。根据信息技术发展新趋势，结合公司结构调整、转型发展、绿色低碳等战略，及时调整信息化发展方向，按照大平台、大系统、大运维的思路，重构信息化架构、体系和建设、应用新模式。
中煤集团	1. 思路明确。提出"夯实基础、完善提升、智能应用"三步走的建设思路。 2. 智能化生产管理。通过对设备运行状态及生产全流程数据的自动采集，依托生产业务模型、专家经验，建成生产执行平台。实现生产管理在线控制、生产工艺在线优化、产品质量在线控制、设备运行在线监控、安环管理在线可控的智能化管理。
东岳集团	1. 升级改造生产装备。采用在线分析仪表、智能检测仪表、先进控制阀门等替代人工化验分析与手动操作，生产过程控制由现场人工经验控制向集控室自动化、数字化、智能化控制转变。 2. 搭建经营管理系统。搭建生产制造管理系统平台，建立生产管控中心，实现决策分析从人工规则分析向大数据智能分析转变，从局部优化到全局优化的智能管控模式转变。 3. 实现闭环智能制造体系。通过 ERP 经营管理系统与多信息系统的融合及协同，自动分解生产计划并将数据传递到 MES 系统及生产车间，调配生产资源，安排生产。产品入库及销售数据及时采集到 ERP 系统，实现整个制造体系的智能化产供销平衡。 4. 深化智能制造建设。在 6 个行动领域开展智能制造实践试点。

续表

企业	做法和经验
新疆天业	1. 健全智能装备。健全和完善计量仪表、分析仪器、可燃气体探测仪等检测手段，使用PVC包装码垛机器人。 2. 对关键工序实现自动控制。建立高级优化控制系统，解决生产控制中的大滞后、强耦合、非线性等问题。 3. 完成智能操作。建立操作诊断、仿真、优化等应用系统，寻找优化的工艺条件。 4. 使用ERP系统。全面整合销售、采购、生产、成本、库存、运输、财务等资源，实现信息流、物流、资金流的三流合一，优化企业供应链管理。 5. 搭建智能决策平台。对大量运营数据进行挖掘分析，并向决策人员提供辅助决策信息。
瓮福集团	1. 与研究机构合作。瓮福（集团）有限公司与浙江大学工业自动化国家工程研究中心共同开发全集成一体化磷化工生产管理信息系统平台。 2. 生产管理高度信息化。运用生产模型技术、移动计算技术、非结构化数据管理技术以及数据包络分析技术，实现从磷矿开采、磷矿浮选、磷酸生产、硫酸生产、磷复肥生产、磷精细化加工、磷伴生资源综合利用、磷矿废弃物资源化利用等磷化工生产全过程管理信息化，实现磷化工的智能制造。 3. 在推广运用中完善。在磷化工行业进行全面应用与推广，通过流程型智能制造试点示范，形成磷化工行业智能制造标准，不断形成并推广智能制造新模式。

资料来源：赛迪智库原材料工业研究所整理。

4. 建材行业

信息技术对建材企业设计、研发、生产、经营、管理等环节的渗透日益加深，能源监测系统、余热回收利用系统、计算机集散控制系统等适用技术在骨干企业逐步得到推广应用，行业信息化水平取得了明显进步。水泥电商比例大幅提高，玻璃产品现货和期货两大电子商务平台建成并平稳运营。建材商城线上线下互动日益广泛，推动建材模式和业态不断创新。2015年，建材行业数字化研发设计工具普及率47.4%，关键工序数控化率50.5%[①]。工信部确定并公布的2015年46个智能制造试点示范项目名单，建材行业的泰山玻纤和中联水泥入选。2016年新增福耀玻璃的汽车玻璃智能工厂和东莞瑞必达的视窗玻璃智能制造两个试点示范项目。

国务院办公厅《关于促进建材工业稳增长调结构增效益的指导意见》（国办发〔2016〕34号）提出，推进智能化生产，建设厂区物联网，在搬运、码

[①]《建材工业发展规划（2016—2020年）》。

垛等重复操作工段推广"机器换人"，支持企业开展智能制造等转型升级改造。《建材工业发展规划（2016—2020 年）》明确提出，开展智能制造推进行动，重点支持开发适合建材工业高温窑炉和大流量传输实时监测的温度、压力、质量、流量、物料成分等传感器，实现建材生产过程数字化、可视化。开展"机器代人"等专项试点，应用智能制造关键技术开展智能工厂、数字矿山、工业机器人试点示范研究，推广智能传感器等，力争到 2020 年规模以上建材企业中达到智能制造水平的不少于 200 家。

表 4　部分建材企业智能制造开展情况

企业	做法和经验
中联水泥	1. 分步实施。分三期建成水泥智能工厂、建材智能物流园区和涵盖光伏发电、城市垃圾协同处理等建材生态园。 2. 智能化生产。一期建成低能耗新型干法水泥全智能生产线。生产线实现全封闭无尘化，降低能耗，提高工效。 3. 智能化管理。全线配备在线智能仪表和设备，建成大数据、智能巡检等信息系统。利用网络化分布式的生产设施正确地采集生产线数据，合理编排生产进度，加强信息管理和服务。
泰山玻纤	1. 生产线智能化。应用 DCS 系统、配合料及浸润剂自动配制系统、物流自动输送系统、能源管理系统等模块，配置 AGV 自动导航车、助力机械手、全自动机器人等先进智能装备，实现物流机械化、设备自动化、控制信息化。 2. 管理系统智能化。实施 ERP 系统，实现财务会计、成本管理、生产运行、采购仓库、销售管理等业务流程的一体化集成，同时与立体库系统、条码系统、MIS 系统对接，实现数据实时传输。 3. 智能服务生态系统。深化实施 SAP 推进工作，完善企业软硬件设施，逐步建成数字化智慧工厂。应用大数据分析，"互联网＋"协同制造，智能化软件等技术，实现业务流程的一体化智能服务生态系统。 4. 实施人才强企战略。围绕引才、留才、育才、用才四个方面，加强与高等院校、科研院所的合作，积极开展人才引进、交流、培训等方面的合作，加强智能装备产业人才队伍建设，为产业发展提供人才支撑。
福耀玻璃	1. 装备升级。以高精度自动设备、自动作业，代替部分设备及手工作业。升级改造现有生产线的核心设备、监测设备、传感与控制设备、软件与网络设备等，打造柔性生产线及车间。 2. 设备互联。对现有设备状态摸底调查，与核心供应商联合进行对所有 PLC 进行改造，通过特定以太网络实现 PLC 设备互联。 3. 合作研发。拥有福建、上海、美国、德国四大设计中心，网罗全球人才，保持技术竞争优势，实现全球客户需求与供应的即时对接、互联互通。

续表

企业	做法和经验
东莞瑞必达	1. 分析市场准确定位。公司成立之初即选定自主研发自动化生产线的路径。 2. 储备人才自主研发。网罗一批世界顶尖的智能装备专家人才自主研发，对研发生产的智能机械进行质量把关。 3. 机器换人提质增效。投入研发"无人工厂"，使用自主研发的CNC机械手、自动印刷机、自动喷涂保护油、2.5D玻璃、转印膜技术、3.0D面板玻璃，共计30项专利技术。 4. 加强合作科技创新。联合国内外著名高校建立博士后工作站，主打科技创新，自主开发2.5D、3.0D、转印膜、指纹开锁、防眩光、耦合仿生学除污等新技术，对接全球高端手机制造商。

资料来源：赛迪智库原材料工业研究所整理。

（二）存在的问题

1. 认知不准确

智能制造是伴随着制造业转型升级、先进制造技术快速发展和新一轮科技、产业革命而出现的演进概念。世界各国对智能制造有不同理解，综合这些观点主要有智能制造过程论、产品论、系统论三种。我国原材料行业发展不平衡很容易导致概念认识陷阱，可能片面强调"过程论"，从而以推动"过程智能化"来无限加大技改投入，忽略全面系统推进智能制造。认识的不足导致企业缺乏长期的战略眼光，在设备等硬件和系统、技术、管理、人员、组织等软件方面准备不够，相关政策的引导和支持力度不到位，甚至一些企业认为在原材料行业整体不景气情况下，推进智能制造是搞"花架子"，等等。

2. 改造动力不足

近几年，原材料行业处于供给侧结构性改革的特殊时期，行业整体效益差，企业流动资金紧张，融资困难。企业开展智能制造改造，除需要大量的资金、人力投入外，还需要对现有生产设备进行改造与更新，可能对影响正常生产，相关人员难以全力以赴地参与和支持改造工作。此外，不同企业、同一企业不同生产线之间设备自动化水平差距很大，国产装备支撑不足，控制系统、系统软件等关键技术环节薄弱，信息资源不能共享，使得整个行业改造动力不足。

3. 专业人才缺失

智能制造离不开专业人才来操作和管理，随着智能制造的深入，人才缺口不断显现。随着数字化研发设计管理工具的普及，传统的工艺类岗位也面临着数字化改造，一些传统岗位在生产中的作用将逐渐弱化甚至消失，员工需要具备应对"工业4.0"的基本素质。然而，目前智能制造人才培养面临诸多问题，首先，由于智能制造还需要长时间推进和落实，企业在人才培养方面的意识转换和主动性尚未充分发挥；其次，相关岗位目前在高校范围内并没有对应的专业，岗位员工需要企业自我培养，但高技能人才和领军人才非一朝一夕能够培养成功；此外，由于当前经济形势和原材料行业大范围不景气，企业对高层次人才的吸引力不足。

4. 系统意识缺乏

机械化、自动化、信息化的不断是推进智能制造的必由之路，是一项庞大的系统工程。智能化改造能否成功、是否高效，需要统筹考虑存量资源的有效利用和增量资源的有效投入，兼顾当下和未来。然而，部分企业受人才、机制、体制等限制，在推进智能制造的过程中，缺乏系统意识、全局观念和乏科学管理手段，不能将智能制造的推进纳入企业的发展战略进行规划落实。

三、原材料行业智能制造的主要方向

（一）重新认识智能制造需求

梳理已有用户的需求特性，探索未被满足的客户需求，明确用户需求多样化的程度，探索新模式满足多样化新需求在技术、经济、社会等方面的可行性。深入了解相关产业的用户需求满足情况，寻求渗透进入其他产业的可能性，寻找新模式下企业发展新空间。建立智能销售系统，提高复杂和多样性市场环境下订单预测准确度，实现销售订单、目标、计划、渠道、人员、政策与用户的智能匹配，标准化订单和定制化订单的智能匹配，形成符合智能制造要求的"订单包"。

（二）重构智能制造管理体系

把数据采集、数据处理、决策模型、决策结果等环节集成到管理体系中，成为一个全新的管理体系，从软件和硬件上为智能管理提供技术条件。在企业业务流程再造中改进或增加用户需求接口，为用户在研发、生产、交货、服务等环节中的参与提供技术条件。丰富管理体系中的数据来源，引入外部相关数据资源的处理环节，积极参与、利用行业的公共数据库建设，提高决策的准确性和有效性。在智能销售系统的贴近用户端，开发基于移动互联技术、用户全接触点的数据获取、处理和分析系统。

（三）构建智能制造生态体系

从创新生态体系角度考虑企业在产业链上下游及相关产业中的生态位，以合作共赢为出发点来参与或主导产业平台建设，为所有参与者提供创新条件。从全球需求情况、本产业和相关产业参与者角度来思考创新生态体系，找准企业在全球产业体系中的位置。打破企业之间、产业之间的界限，以数据和智能决策为基础，聚集更多的参与者，以更为开放和包容的方式重组产业系统。

（四）实施存量智能化改造

增量智能化转换成本低、转换风险小，是当前国内大多数原材料企业推进的重点。但我国钢铁、有色、建材、石化化工等传统重化工业存量很大，对其进行智能化改造尤为迫切。坚持量体裁衣、量力而行、渐进改造的原则，从最急需的阶段和环节入手，持续深化信息技术的应用，加快传统生产装置（设备）的信息化、数字化和智能化改造，通过企业内物质流的动态有序化、协同连续化，能量流的高效转换、及时回收和充分利用，物质流、能量流和资金流的深度融合，促进企业信息技术的有效化、系统高效化并进一步上升到智能化制造。

（五）发展成套智能生产装备

一是培育壮大智能制造装备产业。重点围绕面向原材料复杂生产过程的智能控制系统，新型传感器、智能仪表和精密仪器，以及面向物流和生产过程的工业机器人，大幅提升装备的智能化水平和控制软件的应用普及，实现装备的自诊断、自维护、自恢复、自适应和自组织，培育壮大智能制造装备产业。二是对传统制造单元进行智能化改造。采用微机电技术、嵌入式技术、传感器技术以及泛在网络和泛在感知技术等，将传统制造单元逐步改造为新型智能制造单元，实现广泛的工厂状态采集和感知，进行实时智能预测、智能规划、智能优化、智能决策。

（六） 推行大规模定制生产

随着下游用户自动化、智能化水平的提升和对最终产品质量要求的提高，对材料质量的要求逐渐提高；随着电商的不断发展，原材料产品的需求越来越多地来自中小客户，下游用户对产品的个性化要求越来越高。"集约化生产、个性化服务"成为原材料行业推进智能制造的重点方向。原材料行业推进智能制造，不应该盲目追求产品个性化，而是应该实行"大规模定制"，尽可能用相同材料满足不同需求，尽可能将有差异的工序后排，增大企业生产的灵活性，使同一条生产线能够迅速响应快速变化的用户需求。同时，可灵活使用不同的品质的原材料。

（七） 创新发展行业新业态、新模式

充分利用"互联网＋"，鼓励原材料生产企业和下游用户建立高效协同的应用平台，通过大数据、云计算等，响应用户个性化定制需求，加快从先期介入到全面用户解决方案的转变双赢体系，推进企业从原材料供应商到制品、零部件供应商转型，创新商业模式，提供智能服务。及时总结原材料行业智能制造试点经验，打造原材料行业工程信息服务领军企业，为行业提供工业软件和信息化、自动化服务，开展"原材料生产企业＋工程信息服务＋智能制造服务"，建设行业大型互联网数据中心，积极布局云计算，为行业提供全面 IT 服务，探索践行"行业 4.0"。

四、原材料行业实现智能制造的政策建议

（一） 建立健全行业智能制造推进机制

一是坚持逐层递进和并行推动。针对原材料工业 2.0、3.0 和 4.0 并存的局面，提升原材料工业智能制造能力，既要补"工业 2.0"的课，又要普及"工业 3.0"，还要进行"工业 4.0"示范；既要根据企业情况分阶段逐步推进，又要扶持一批领先企业为标杆；既要提升原材料生产企业本身的智能化水平，又要着力提升产业链配套企业的水平和能力；既要推动产业内企业间的协同合作，又要推动产业间企业的跨界合作。二是结合原材料行业需求，贯彻《中国制造 2025》，在国家层面上组织制定原材料工业智能制造行动计

划和实施指南，引导和支持对智能装备、数字化工厂、关键技术等的深化应用，促进原材料工业智能化发展。三是相关行业协会和企业制定分阶段分步骤推进计划，明确智能制造建设目标，规划实施路线，制定实施策略，落实保障措施，确保全员参与。

（二）树立跨界合作、协同发展的理念

原材料行业的智能制造，涉及材料、工艺、装备、信息、管理、自动化、安全、大数据、标准化等不同领域不同行业，应打破隔离，促进合作。一是鼓励传统的原材料生产企业和新兴的互联网企业之间的合作共赢，在信息互联互通、数据共享共用、新业务开发等方面给予支持，建立公共数据平台，向相关企业开放，促进不同产业间的企业合作，优化资源配置，促进新业务模式的产生和已有业务模式的优化。二是搭建产学研用协作平台，攻克制约原材料工业智能制造、工业互联网和特种机器人发展的共性技术、关键技术及应用难点，形成原材料工业智能制造的理论体系和系统框架，实现工业技术和智能制造技术、工业互联网和机器人应用的融合，研究制定原材料行业智能工厂评价体系、智能制造技术标准体系，为原材料工业的低碳、高效、安全运行和可持续发展，提供成套的智能化解决方案。

（三）加大对智能制造的资金支持力度

一是统筹财政资金加大支持力度。在国家自然科学基金、国家重点研发计划、重大科技专项、智能制造专项、中小企业发展专项、技改资金等财政专项资金和基金中，加大对原材料行业智能制造关键共性技术研发、产品智能化和生产过程智能化项目的支持力度。建立专项资金，通过无偿资助、贷款贴息、补助（引导）资金、保费补贴和创业风险投资等方式，支持原材料行业关键环节数字化智能化建设、示范应用和产业化。二是引导原材料生产企业加大投入。提高企业承担智能制造重大科技项目的比例，完善智能制造企业科技创新的税收激励政策，做好智能制造企业研发费用和技术开发费用的认定。三是多方面鼓励社会投入。引导金融资本进入智能制造领域，综合利用基金、贴息、担保等方式，对实施智能制造的企业提供金融绿色通道。通过衔接证券公司、举办上市交流会、提供上市咨询等多种措施推进智能制造企业对接多层次资本市场，重点推进优秀智能制造企业上市，开拓直接融资渠道。

（四）强化面向智能制造的人才支撑

一是加快高端紧缺人才培养。实施智能制造人才培养计划，统筹推进智能制造经济管理人才、专业技术人才队伍建设。支持高校和职业院校开展智能制造学科体系和人才培养体系建设，充分发挥企业、科研院所、职业院校和其他培训机构的平台作用，培养一批紧缺的跨学科、复合型、高学历人才和具有实际技术操作能力的技能人才。加快科研机构、高校创新人才向企业的流动，支持企业与高校、科研院所合建教育实践基地，开展职工在岗转岗技能培训。二是加强高层次人才引进。将高层次智能制造人才（团队）引进纳入人才工作重点，鼓励参加高端人才计划评选，对纳入引进计划的给予相应的政策支持。采取持股、技术入股、高薪等更加灵活的措施，集聚各类人才。

（五）强化意识和能力培养的教育培训

一是加强对传统从业人员，特别是管理人员、技术人员的教育培训，使之具备数据采集和应用意识、智能制造意识，把信息技术手段的应用能力融入岗位技能要求中，在员工技能培养上增加一个新维度，不仅能适应智能制造的需要，而且能主动挖掘智能制造带来的新机遇，主动利用互联网改进已有业务模式。二是研究智能制造对操作人员的影响，对技能的新要求，展开针对性培训，让他们有充分的技能准备，应对智能制造的挑战，完善对操作人员技能证书、职称的管理。三是推动"技校＋研究型大学＋企业＋公共服务机构"的终身学习。委托相关部门建立智能制造技能培训平台，依托该平台进行在线教育，聚集全社会资源做好免费的、高水平智能制造技能教育。引导企业对接培训平台、结合自身实际开展在岗培训。鼓励各职业教育机构，利用该平台开展岗前的新技能培训。

（六）积极支持智能制造第三方评估

一是鼓励有条件的社会力量成立专业化的原材料行业智能制造第三方评估机构，实现第三方的独立观察、独立评价和独立发布，同时推出由政府采购智能制造第三方评估服务的措施。二是将专业化的智能制造第三方评估机构纳入高新技术企业的优惠扶持范围，从税收、人才、工商、用地、商标等方面给予支持和帮助，使专业化的智能制造评估服务成为智能制造生态系统中的活跃环节。

后 记

为全面客观反映 2016 年中国原材料工业发展状况并对 2017 年原材料工业发展状况预测，在工业和信息化部原材料工业司的指导下，赛迪智库原材料工业研究所编撰完成了《2016—2017 年中国原材料工业发展蓝皮书》。

本书由刘文强担任主编，肖劲松、王兴艳、李丹为副主编。王兴艳负责统稿，各章节撰写分工如下：曾昆负责第二、二十九章；王兴艳负责第一、四、八、九、十、二十八、二十九章；张海亮负责第一、三、八、九、十、二十八、二十九章；马琳负责第一、六、八、九、十、二十一、二十二、二十八、二十九章；李丹负责第一、七、二十八、二十九章；刘彦红负责第十六、十七、十八、十九、二十章；李茜负责第十一、十二、十三、十四、十五章；张镇负责二十三、二十四、二十五、二十六、二十七章；商龚平、李茜、王兴艳、王本力负责附录。

在本书的编撰过程中还得到了相关省份和行业协会领导、专家提供的资料素材，特别是得到了原材料领域专家提出的宝贵修改意见和建议，在此表示衷心感谢。由于编者水平有限，本身难免有疏漏、错误之处，恳请读者批评指正。如借此能给相关行业管理机构、研究人员和专家学者带来些许借鉴，将不胜荣幸。

赛迪智库
面向政府 服务决策

思想，还是思想
才使我们与众不同

《赛迪专报》　　　　《两化融合研究》　　　《财经研究》
《赛迪译丛》　　　　《互联网研究》　　　　《装备工业研究》
《赛迪智库·软科学》　《网络空间研究》　　　《消费品工业研究》
《赛迪智库·国际观察》《电子信息产业研究》　《工业节能与环保研究》
《赛迪智库·前瞻》　　《软件与信息服务研究》《安全产业研究》
《赛迪智库·视点》　　《工业和信息化研究》　《产业政策研究》
《赛迪智库·动向》　　《工业经济研究》　　　《中小企业研究》
《赛迪智库·案例》　　《工业科技研究》　　　《无线电管理研究》
《赛迪智库·数据》　　《世界工业研究》　　　《集成电路研究》
《智说新论》　　　　《原材料工业研究》　　《政策法规研究》
《书说新语》　　　　　　　　　　　　　　　《军民结合研究》

编 辑 部：赛迪工业和信息化研究院
通讯地址：北京市海淀区万寿路27号院8号楼12层
邮政编码：100846
联 系 人：刘颖　董凯
联系电话：010-68200552　13701304215
　　　　　010-68207922　18701325686
传　　真：0086-10-68209616
网　　址：www.ccidwise.com
电子邮件：liuying@ccidthinktank.com

面向政府　服务决策

研究，还是研究
才使我们见微知著

信息化研究中心	工业化研究中心	规划研究所
电子信息产业研究所	工业经济研究所	产业政策研究所
软件产业研究所	工业科技研究所	军民结合研究所
网络空间研究所	装备工业研究所	中小企业研究所
无线电管理研究所	消费品工业研究所	政策法规研究所
互联网研究所	原材料工业研究所	世界工业研究所
集成电路研究所	工业节能与环保研究所	安全产业研究所

编 辑 部：赛迪工业和信息化研究院
通讯地址：北京市海淀区万寿路27号院8号楼12层
邮政编码：100846
联 系 人：刘颖　董凯
联系电话：010-68200552 13701304215
　　　　　010-68207922 18701325686
传　　真：0086-10-68209616
网　　址：www.ccidwise.com
电子邮件：liuying@ccidthinktank.com